Werner Brück

Das schaffen wir

Von Alkoholabhängigen und
ihren Angehörigen

Blaukreuz-Verlag Wuppertal
Blaukreuz-Verlag Bern

Werner Brück, Jahrgang 1948, ist Diplom-Pädagoge, Diplom-Sozialarbeiter, Diplom-Heilpädagoge und Sozialtherapeut. Seit 1981 leitet er die Blaukreuz-Fachklinik „Curt-von-Knobelsdorff-Haus" in Radevormwald.

Bibliografische Information Der Deutschen Bibliothek
Die Deutsche Bibliothek verzeichnet diese Publikation in der Deutschen Nationalbibliografie; detaillierte bibliografische Daten sind im Internet über http://dnb.ddb.de abrufbar.

© Blaukreuz-Verlag Wuppertal 2003
Umschlaggestaltung: signum, Witten
Satz: Blaukreuz-Verlag Wuppertal
Druck und Herstellung: St.-Johannis-Druckerei, Lahr

ISBN 3 89175 190 7 Blaukreuz-Verlag Wuppertal
ISBN 3 85580 425 7 Blaukreuz-Verlag Bern

Inhalt

„Wie ein Spiegel von mir"
Lesen als Therapie

„Ich habe mich mehrmals gefragt, woher der Autor das alles über mich wissen konnte", sagte ein Patient unserer Suchtfachklinik, nachdem er den Erfahrungsbericht eines anderen Suchtkranken gelesen hatte. Ich hatte ihm diese Lektüre bewusst „verordnet", um im Anschluss daran seine emotionale Betroffenheit im weiteren Therapieprozess zu nutzen. Denn gerade persönlich nachgezeichnete Fallgeschichten von ebenfalls Betroffenen lösen häufig starke gefühlsmäßige Reaktionen und Identifikationseffekte und darüber hinaus wesentliche Motivationseffekte aus.

Als ob er in einen Spiegel geschaut hätte, stellt dann jemand fest: „Stimmt genau! So ist es auch bei mir." Er erkennt sich mit seinen eigenen Gefühlen, seiner Sehnsucht, Hoffnung und Verzweiflung, und er beginnt, von sich selbst und seinem Suchtkrankheitsverlauf zu erzählen.

Das gilt übrigens nicht nur für Suchtkranke, sondern auch für ihre Angehörigen, die ja auf ihre eigene Weise am Krankheitsprozess beteiligt sind. Mit Erleichterung stellen sie fest, dass es anderen ebenso wie ihnen ergangen ist und ihnen bisher Unerklärliches verständlicher wird. Und sie erfahren, dass es auch in aussichtslos und verzweifelt erscheinenden Situationen Hilfe und Heilung geben kann und Lebensveränderungen möglich sind. Das Gelesene kann für sie zu einem Schlüssel werden, der das Tor öffnet zum Gespräch über ihre eigenen Erfahrungen und ihr Erleben, zum Umdenken und Umkehren. Und dies ist eine höchst erwünschte therapeutische Wirkung.

Was wir in der klinischen Praxis gezielt einsetzen, lässt sich auch in Selbsthilfegruppen und von einzelnen Betroffenen in Eigeninitiative umsetzen. Deshalb haben wir in diesem Buch eine Reihe von Texten zusammengestellt, die zur persönlichen emotionalen Auseinandersetzung mit dem weiten Thema „Sucht" anregen. Dabei wird kaum ein Lebensbereich ausgelassen.

In Selbsthilfegruppen lassen sich die Texte auf vielfältige Weise nutzen. Anregungen dazu finden sich am Ende mehrerer Beiträge.

Ein Gruppenleiter überlegt sich z. B., welches Thema in seiner Gruppe gerade „dran" ist, und sucht dazu einen entsprechenden Text aus diesem Buch als Einstieg ins Gruppengespräch aus.

Man kann auch zwei oder drei Gruppenmitglieder mit der „Hausaufgabe" betrauen, sich auf einen Text vorzubereiten und ihn zum Beginn der nächsten Gruppenstunde vorzutragen und dabei zu berichten, was sie persönlich am meisten angesprochen und berührt hat, was sie geärgert hat, was sie nicht verstanden haben, was sie besser machen würden.

Sehr lebendig kann sich ein Gruppenabend gestalten, wenn ein Text mit verteilten Rollen gelesen wird, so dass viele Gruppenmitglieder mit einbezogen werden. Dabei kann schon der Prozess der Rollenfindung spannend sein. Wer identifiziert sich mit welcher Rolle? Manche der vorliegenden Texte kann man ohne große Veränderungen dafür gebrauchen, andere können entsprechend umgeschrieben werden. Manche Texte enthalten keine abgeschlossene Geschichte. Sie können dazu anregen, „den Faden weiterzuspinnen" und eigene Problemlösungen zu suchen.

Wenn dieses Buch dazu beitragen kann, dass Leser sich in den verschiedensten sehr lebensnah geschilderten Situationen wiederfinden und dann Lösungen für den eigenen Alltag entwickeln können, hat sich der Mut der einzelnen Autoren, ihr Schicksal zu offenbaren, gelohnt.

Mein besonderer Dank gilt Ingrid Westmeier, die bei der Auswahl der Texte und der Zusammenstellung des Buches intensiv mitgearbeitet hat.

Radevormwald, im April 2003   *Werner Brück*

„Ich krieg die Krise!"
Vom Tiefpunkt zum Wendepunkt

„Diese Krise ist einfach gemein!", stöhnt die junge Frau. Sie hat Recht. Jede Krise ist gemein. Gesundheitlich, familiär, beruflich oder im sozialen Bereich haben sich die Probleme so unerträglich zugespitzt, dass man ihnen nicht mehr ausweichen kann.

Und genau darin liegt auch die Chance einer Krise. Denn nun ist man gezwungen, sich zu entscheiden, ob man so weitermachen will wie bisher oder neue Wege wagt. Für Suchtkranke kann es die Entscheidung zwischen dem Tod „auf Raten" oder dem Leben sein. Wir können daher Krisen als Verhängnis betrachten oder als Herausforderung begreifen.

Für viele Betroffene wird eine Krise zum Wendepunkt in ihrer Suchtgeschichte. Sie entscheiden sich für eine Veränderung in ihrem Leben, mit neuen Strategien zur Konfliktbewältigung im alkoholfreien Raum, mit einer neuen Lebenseinstellung und durchtragenden Werten, die sie in besonderer Weise im christlichen Glauben (wieder-)entdecken.

Kris, eine junge, alkoholabhängige Frau, steckt in solch einer Krise. Das Trinken ist bei ihr inzwischen zum Zwang und zur Qual geworden. „Bin ich nicht schon tot?", fragt sie sich verzweifelt.

Bei **Piet** war es die Konfrontation mit dem Tod, die bei ihm zu einer Wende führte.

Thees hat eine sechsmonatige Entwöhnungsbehandlung hinter sich. Als früherer Kapitän auf großer Fahrt hatte er immer das Kommando gehabt. Nun wagt er, das Kommando über sein Leben abzugeben.

9

Kris
Nur noch ein Gespenst

Ich weiß nicht, ob es Tag oder Nacht ist. Zeit existiert für mich nicht mehr.

Mag es Tag oder Nacht sein, was macht das schon aus?

Mit fliegenden Händen suche ich nach der Flasche, die irgendwo neben dem Bett stehen muss. Einen Augenblick lang sehe ich mich von außen, wie mir das jetzt öfter mal passiert, und ich wende mich vor dem Ekel ab, den dieses ungemachte, schmutzige Bett, dieser betäubende Dunst, dieses abgemagerte Gespenst, das gierig aus der Flasche trinkt, in mir erzeugt. Ein guter Teil der Flüssigkeit rinnt aus den Mundwinkeln übers Kinn und den Hals und versickert irgendwo.

Dieser Geist bin ich. Oder war ich. Bin ich noch oder war ich schon? Wer kann das so genau wissen? Würde ich es überhaupt bemerken, wenn ich tot wäre? Wäre es anders als jetzt? Bin ich nicht schon tot? Gestorben an diesem Gift, das ich in langen Zügen gierig in mich hineintrinke?

Ist das nicht bereits die Hölle?

Es ist übrigens Nacht. Ich sehe sie durch das Fenster. Ich habe vergessen, den Rollladen herunterzulassen, als ich das letzte Mal vor der Nacht draußen war. Jeder, der vorbeigeht aus dem Dorf, kann mich also so liegen und trinken sehen, fällt mir ein.

Ich sollte also wirklich den Rollladen schließen.

Ich will auch aufstehen, aber ich habe keine Kraft. Ich falle ganz einfach zurück ins Bett. Ich muss ein bisschen mehr trinken, um den Weg zu schaffen. Wie lange wohl der Vorrat noch reicht? Wann werde ich wieder die riesengroße Anstrengung unternehmen müssen, mir Nachschub zu besorgen? Und in welchen Laden soll ich diesmal gehen? Überall meine ich schon die misstrauischen Blicke zu sehen, die wissend und schweigend meine Flascheneinkäufe verfolgen.

Eigentlich ist es nicht so wichtig, ob der Rollladen unten ist, denn – auf dem Fußboden neben dem Bett habe ich eben den Wecker entdeckt, Utensil aus einer geordneten Phase meines Lebens – es ist zwei Uhr nachts. Wer geht da schon vorbei? Wer von den Nachbarn weiß eigentlich schon oder noch nicht, dass hier ein trinkendes Gespenst haust? Hinter abgeschlossenen Türen, inmitten einer Batterie leerer und – hoffentlich – noch voller Flaschen.

Die oben wohnen, waren – glaube ich – mal Freunde. Aber jetzt schließe ich meine Tür immer ab. Hier kommt keiner mehr rein.

Nein, hier kommt keiner mehr rein.

Hier kommt *keiner* mehr ...

hier *kommt* ja keiner mehr ...

hierher *will* keiner mehr kommen ...

Hier kann keiner mehr helfen, haben so viele gesagt, und ich habe gefühlt, wie schlimm es für die gesunden Leute sein muss, *nichts* tun zu können.

Und dann gibt's hier noch Haferflocken, denn das Gespenst, das sehr gewissenhaft ist, verordnet sich jeden Tag eine kleine Tasse voll Haferflocken mit Wasser, um nicht zu verhungern. Das klingt wie ein Witz, aber eigentlich ist es kein Witz. Es ist nämlich eine Anstrengung. Eine echte Überwindung. Zuerst muss man aufstehen. Dann muss man in die Küche gehen und unterwegs wieder zurück ins Schlafzimmer, weil man die Flasche dort vergessen hat, und ohne Alkohol ist das alles nicht zu leisten. Dann muss man die Haferflocken suchen, in eine Tasse füllen, Wasser dazugeben und umrühren und dann – und das ist das eigentlich Anstrengende –, dann sollte man sie essen. Ich sitze jedes Mal davor wie vor dem Berg aus Brei, durch den man sich angeblich ins Schlaraffenland hineinfressen muss.

Jedes Mal, wenn ich vor der Tasse sitze, muss ich ans Schlaraffenland denken. Die Tasse Haferflocken ist aber wirklich so groß wie ein Berg und ich muss mir die Arbeit über den ganzen Tag verteilen. Es ist nichts weiter als Selbstdisziplin, sie zu essen. Aber ich schaffe es nicht mehr jeden Tag, ehrlich gesagt. Manche Tage lasse ich einfach aus.

Draußen schreit wieder das Käuzchen. Es schreit schon seit einigen Nächten. Daran merkt man auch, ob es Nacht ist oder Tag. Es muss ziemlich nah sein. Vielleicht im Garten? Es klingt schaurig und ich fürchte mich ein bisschen. Mein Freund aus der Flasche hilft mir gegen die Furcht, und jetzt schmeckt es auch schon wieder besser. Es ist nämlich auch eine Anstrengung, die erste halbe Flasche Wein drin zu behalten. Jedes Mal.

Anregungen für das Gruppengespräch:
Wie könnte diese Geschichte weitergehen? Es gibt mehrere Möglichkeiten! Einzelne Gruppenmitglieder könnten die Geschichte weitererzählen. Der Einstieg dazu wird leichter, wenn sie den letzten Abschnitt noch einmal vorlesen und dann gleich im Ich-Stil weitererzählen.

Ingrid Westmeier
Der erste Tag in einem neuen Leben

In gemütlicher Runde sitzen wir in unserem Wohnzimmer zusammen: Sini und ihr Mann Jürrn, Piet und ich. Sini und Jürrn gehören zur älteren Generation, Piet ist fünfundzwanzig Jahre jünger als sie. Eins haben sie gemeinsam: Sie kennen aus eigener Erfahrung die Abgründe der Alkoholabhängigkeit.

„Und außerdem", sagt Piet, „betrachte ich die beiden sozusagen als meine Eltern und mich als ihren Sohn, obwohl wir nicht miteinander verwandt sind. Denn sie haben mir in mein neues Leben hineingeholfen – ein Leben ohne Alkohol."

„Ich brauche Hilfe!"

„Es fing damit an", erzählt Jürrn, „dass Piet eines Abends bei mir anrief. ‚Ich möchte vom Alkohol wegkommen', sagte er, ‚aber ich schaffe es nicht. Ich brauche Hilfe.'"

Piet bestätigt: „Das war, als ich gerade zum zweiten Mal meinen Führerschein verloren hatte. Nicht mehr fahren zu dürfen war echt hart für mich. Deshalb wollte ich wieder mal einen Anlauf machen, mein Leben zu ändern."

„Weil es Piet offensichtlich sehr schlecht ging", erzählt Jürrn, „bin ich noch am selben Abend zu ihm gefahren. Da war er noch betrunken. Wir haben uns über seine Lage unterhalten, und ich habe ihm von unserer Begegnungsgruppe erzählt. ‚Da sind eine ganze Reihe Leute, die auch alkoholkrank sind, und die jetzt trocken – das heißt ohne Alkohol – leben können', sagte ich ihm. Da hat Piet mir versprochen, zu unserer Gruppenstunde zu kommen."

„Das habe ich auch gemacht", nimmt Piet wieder das Wort. „Und wenn Jürrn und Sini und natürlich auch die Gruppe damals nicht gewesen wären, dann wäre ich heute nicht mehr am Leben. Ich selbst hatte mich längst aufgegeben. Und meine Eltern auch. Für sie stand fest, dass ich einfach nur ein Versager war. Aber Jürrn und Sini haben mich nie aufgegeben. Sie haben mir immer wieder Mut gemacht: ‚Du schaffst das!' Obwohl das zu Anfang gar nicht danach aussah.

Im September bin ich zum ersten Mal in die Begegnungsgruppe gegangen. Schließlich war es Anfang Dezember und es hatte sich bei mir noch immer nichts geändert. Da musste ich, weil ich ja den Führerschein verloren hatte, zu einer ärztlichen Untersuchung. Und was der Doktor mir da sagte, hat bei mir richtig eingeschlagen: ,Herr Mollema, Sie sind zwar erst dreißig, aber wenn Sie so weitertrinken, gebe ich Ihnen noch ein Jahr. Dann liegen Sie unter der Erde. Und dann trinken Sie von ganz alleine keinen Tropfen mehr!'"

Ich will leben!

„Ein paar Jahre vorher war meine Schwester gestorben. Ich wusste, wie das aussieht, wenn von jemandem nichts mehr übrig bleibt als ein kalter Körper, der dann in der Erde vermodert. Und das wollte ich nicht. Ich wollte leben.

Am nächsten Gruppenabend sprach ich mit Jürrn darüber, und er war ebenfalls sehr betroffen. Ich merkte genau, dem liegt an mir, der will auch nicht, dass ich einfach abkratze.

,Junge', sagte er zu mir, ,das geht jetzt seit drei Monaten mit dir immer auf und ab. Wenn du das jetzt nicht bald hinkriegst trocken zu bleiben, dann musst du eine Therapie machen.'

Ich hatte keine Ahnung, was eine Therapie war, aber ich wusste, dass ich sie nicht wollte. Da meinte Jürrn: ,Also, dann habe ich hier noch was anderes', und zog eine Verpflichtungskarte aus seiner Tasche. ,Das ist so was wie ein Rettungsanker', erklärte er mir. ,Willst du das mal versuchen?'"

Mit Gottes Hilfe

„Ein wenig skeptisch schaute ich mir das Ding an. Obendrauf stand auf blauem Grund in weißer Schrift ein Bibelspruch: ,Der Herr lässt es dem Aufrichtigen gelingen.' Und darunter: ,Ich verpflichte mich mit Gottes Hilfe zur Enthaltsamkeit von allen alkoholischen Getränken.' Dann noch weitere Zeilen: ,Dauer der Verpflichtung', ,Datum' und ,Unterschrift'.

,Der Herr lässt es dem Aufrichtigen gelingen', las ich noch einmal. Mit ,Herr' war Gott gemeint. Das wusste ich. Meine Eltern hatten mich religiös erzogen und sogar lange gezwungen, mit zur Kirche zu gehen. Aber seit ich angefangen hatte zu trinken, hatte ich alles über Bord geworfen. Doch dies hier war etwas anderes. Das sprach direkt in mein Inneres hinein.

Ich fragte mich: ,Wem gegenüber musst du aufrichtig sein? Nicht Jürrn gegenüber, obwohl der mein Vorbild war und ich ihn nicht enttäuschen wollte. Trotzdem war ich ja die ganze Zeit, seit ich ihn kennen gelernt hatte, zu ihm nicht aufrichtig gewesen. Mich selbst konnte ich ebenfalls belügen. Das hatte ich mein Leben lang getan, auch wenn es mir dabei nicht eben gut gegangen war.

Ich musste Gott gegenüber aufrichtig sein. Er wusste ja sowieso, was in mir vorging. Und jetzt wollte ich wirklich so aufrichtig, wie ich nur konnte, vom Alkohol frei werden.

Wenn es mit diesem Bibelspruch also stimmte, dann hatte ich jetzt eine echte Chance, es zu schaffen, weil Gott ‚es mir gelingen lassen‘ würde, weil er mir helfen würde.“

Erst mal nur einen Tag

„‚Also gut‘, sagte ich zu Jürrn, ‚ich will es probieren.‘ ‚Für wie lange willst du dich verpflichten?‘, fragte Jürrn. ‚Für eine Woche?‘ Nein, eine Woche war mir viel zu lange. Das konnte ich nicht. Ich hatte mich selbst so oft enttäuscht, da wollte ich lieber klein anfangen. ‚Einen Tag‘, antwortete ich schließlich. ‚Einen Tag könnte ich schaffen.‘

‚Heute ist der 4. Dezember. Also vom 4. Dezember 21 Uhr bis zum 5. Dezember 21 Uhr‘, sagte Jürrn und trug es auf der Karte ein. Dann war ich dran mit meiner Unterschrift. Ich wusste, auf mich konnte ich mich nicht verlassen, ich hatte mich selbst oft genug enttäuscht. Aber ich wollte versuchen, mich auf Gott zu verlassen. Und so schrieb ich meinen Namen darunter: ‚Piet Mollema.‘“

Der erste Tag

„Meine Verpflichtungskarte habe ich mir dann zu Hause vor dem Einschlafen neben mein Bett gelegt und habe sie am nächsten Morgen als Erstes angeschaut. Wieder sprach mich dieser Bibelvers an: ‚Dem Aufrichtigen lässt es der Herr gelingen.‘

Aber dann fing noch etwas anderes zu sprechen an, und das war mein Durst und meine alte Gewohnheit, jeden Morgen als Erstes zum Kiosk zu gehen und mir was zum Trinken zu besorgen. Aber heute wollte ich nicht gehen. Den ganzen Tag musste ich dagegen ankämpfen. Ich hab mich in meinem Zimmer verkrochen, mir die Kopfhörer auf die Ohren gesetzt und mich mit Musik zugedröhnt, damit ich auf andere Gedanken kam. Irgendwie musste ich diesen Drang überbrücken, mir doch was zu holen.“

Literweise Mineralwasser

„Mein Körper hat die ganze Zeit geschrien: ,Los, hol dir was. Das hältst du nicht aus. Du gehst kaputt!' Ich hatte einfach tierisch Durst. Ob ich die Augen auf hatte oder zu: Aus allen Ecken sah ich Bierflaschen kommen. Ich wusste, dass ich nur bis zum Kiosk zu gehen brauchte, um zu bekommen, wonach mein Körper gierte. Aber ich wollte nicht auf ihn hören. Ich wollte diesen einen Tag durchstehen. Ich habe literweise Mineralwasser getrunken. Aber damit kriegte ich meinen Durst nach Alkohol natürlich nicht weg. Es war einfach grausam.

Dieser Tag war unheimlich lang. Wenn ich auf die Uhr schaute, waren immer nur ein paar Minuten vergangen. Endlich wurde es Abend, und da konnte ich wieder zu Jürrn gehen. Mein Geld habe ich zu Hause gelassen, damit ich nicht noch unterwegs schwach wurde, denn ich kam ja an zig Kneipen und Kiosken vorbei."

Durchgehalten

„Ich weiß noch, wie Piet am Abend bei uns auftauchte", bestätigt Jürrn. „Es ging ihm körperlich offensichtlich nicht gut. Aber er strahlte vor Stolz, dass er seinen ersten Tag geschafft hatte. Und ich dachte: ,Mensch, das ist ja toll. Jetzt packt er es. Jetzt meint Piet es wirklich ganz ernst.'"

„So war es auch. Ich habe mich gefühlt wie ein König, dass ich es wirklich geschafft hatte, meine Selbstverpflichtung durchzuhalten. Dann hat Jürrn eine neue Karte geholt, und ich habe für einen weiteren Tag unterschrieben. Dieser zweite Tag war nicht mehr ganz so schlimm wie der erste. Ich wusste ja jetzt, dass ich ihn durchstehen konnte. Und am Abend habe ich mich wieder auf den Weg gemacht zu Jürrn und Sini."

Das wäre für dich auch gut!

„Unterwegs bin ich einem von meinen alten Sauffreunden begegnet. Der war nicht viel älter als ich. Ganz begeistert habe ich ihm erzählt, dass ich mich verpflichtet hätte, keinen Alkohol mehr zu trinken, und dass ich das nun schon zwei Tage geschafft hätte. ,Das wäre für dich auch gut', sagte ich ihm. Aber er wollte nicht. Und dann sagte er: ,Hast du dir überhaupt überlegt, was du da machst? Du bist grade dreißig Jahre alt. Wie stellst du dir das vor, ein ganzes Leben auf Alkohol zu verzichten? Das macht mir Angst, wenn ich nur daran denke!'

Da wurde mir erst einmal so richtig bewusst, auf was ich mich da eingelassen hatte. Ich dachte, ich kann ja vielleicht doch alt werden, vielleicht neunzig Jahre. Und dann sechzig Jahre ohne Alkohol? Da habe ich mich gefragt, ob das wirklich richtig war, was ich da angefangen hatte. Gut, dass ich mit Jürrn darüber sprechen konnte. Und ich sah ja auch bei ihm, dass sein Leben ohne Alkohol nicht trübselig und öde war."

Nur äußerlich nass

„Piet ist immer mit dem Fahrrad zu uns rüber gefahren", erzählt Sini. „Das war schon eine ganze Strecke, bestimmt acht Kilometer. Und es war ja Winter. Da hatten wir manchmal richtiges Schietwetter."

„Ja, mir konnte das Wasser in den Schuhen stehen", bestätigt Piet. „Aber das war es mir wert. Ich musste da hin. Ich bin ein paar Mal richtig kladdernass geworden – nur äußerlich natürlich. Getrunken habe ich nichts. Ich weiß nicht, wie ich diese ersten Tage überstanden hätte, wenn Jürrn und Sini nicht immer für mich da gewesen wären. Sie haben daran geglaubt, dass ich es schaffe, trocken zu bleiben. Und deshalb habe ich mich getraut, jeden Tag wieder neu zu unterschreiben. Bis ich dann nach den ersten vierzehn Tagen gesagt habe: ,Jürrn, jetzt eine Woche!'"

„Das war ein stolzer Augenblick", erinnert sich Jürrn. „Ich spürte, wie Piet sich selbst wieder etwas zutraute. Er brauchte zwar noch immer viel Bestätigung von uns, dass wir ihm sagten: ,Du schaffst es!' Aber er fing auch selbst an, daran zu glauben."

„Für mich war dieser Tag ein richtiges Fest", sagt Piet. „Ich war mächtig stolz auf mich. Es war so ein gutes Gefühl, die ersten vierzehn Tage durchgehalten zu haben und mich jetzt an eine ganze Woche auf einmal heranzutrauen. Hinterher bin ich noch beim Schallplattenladen vorbeigefahren und hab mir zur Belohnung eine Single gekauft. Die hatte ich mir verdient, fand ich."

„Komm lieber gleich zu uns"

„Trotzdem kamen mir immer wieder Zweifel, und dann bin ich ins Sinnieren reingerutscht: ,Du bist eben doch ein Versager. Du hast noch nie was Ordentliches zustande gekriegt. Und das schaffst du jetzt auch nicht. Das packst du nicht.' Wenn ich merkte, dass ich in so einen negativen Gedankendreh hineinkam, bin ich manchmal rausgegangen, oder ich habe versucht zu lesen, damit ich auf andere Gedanken kam.

Oft bin ich dann auch zu Jürrn gegangen und habe mit ihm über das geredet, was mich bedrückt hat. Jürrn und Sini haben immer zu mir gesagt: ‚Wenn du was hast, dann komm, bevor du wieder losgehst und trinkst.‘

Wenn ich diesen Rückhalt von den beiden nicht gehabt hätte, dann hätte ich wirklich wieder mit dem Alkohol angefangen. Aber die beiden haben mir immer den Rücken gestärkt. Sie haben mich als gleichwertigen Menschen angenommen und behandelt, und so habe ich gelernt, mich selbst auch wertzuschätzen. Das war es, was ich damals ganz besonders gebraucht habe.“

Gott ist anders

„Außerdem habe ich durch Sini und Jürrn Gott erst richtig kennen gelernt. Als ich meine erste Verpflichtungskarte unterschrieben habe, da habe ich zwar angefangen, Gott um Hilfe zu bitten, also zu beten, und habe auch erlebt, dass Gott mir wirklich beistand. Aber bei den beiden spürte ich, dass sie Gott irgendwie richtig gut kannten und eine persönliche Beziehung zu ihm hatten. Ich habe gemerkt, dass irgendwie von Gott kam, was sie für mich taten und wie sie für mich da waren.

Da habe ich nach und nach begriffen, dass Gott mich gar nicht verurteilt, sondern mir nur helfen will. Und eines Tages habe ich ihn gebeten, mir den ganzen Mist, den ich in meinem Leben gemacht hatte, zu vergeben. Ich spürte, dass Gott das wirklich machte, dass er mir diesen Schrott einfach abnahm und ich noch einmal von vorne anfangen durfte – ohne all den erdrückenden Ballast aus meiner Vergangenheit.“

Es hat auch Gutes gebracht

Ich habe noch eine letzte Frage an Piet: „Deine Krankheit ist ja in dem Sinne nicht geheilt, du bist und bleibst alkoholkrank, auch wenn du jetzt trocken lebst. Wie kommst du damit zurecht?“

„Also, ich bin nach wie vor nicht glücklich mit meiner Erkrankung, denn die bleibt an mir hängen, die ist ein Teil von mir. Ich weiß genau: Wenn ich wieder zu trinken anfange, dann kann ich nicht mehr aufhören, und dann bin ich ganz schnell wieder da, wo ich einmal war. Mir ist sehr bewusst, dass ich davor auf der Hut sein muss. Aber die Krankheit hat mir auch Gutes gebracht: Einmal weiß ich heute, dass ich fähig bin, die Verantwortung für mich und mein Leben zu tragen und meine Probleme anzugehen. Das ist ein wirklich starkes Gefühl. Ich bin nicht der Versager, für den ich mich früher gehalten habe.

Und außerdem kann ich anderen helfen, die – genau wie ich früher – vor ihren Problemen in den Alkohol fliehen und so ihr Leben ruinieren. Ich kann ihnen helfen und ihnen Mut machen, so wie das Sini und Jürrn damals bei mir getan haben. Und das macht mich richtig glücklich."

Thees Fock
Wie ein Kapitän fast unterging

Monate sind vergangen, seit ich von der Klinik Abschied genommen habe. Je größer der Abstand zu dieser Zeit wird, desto tiefer spüre ich den Lohn der therapeutischen Behandlung und die Dankbarkeit dafür.

Meine Erfahrungen während der Therapie haben meine Einstellung zu meiner Lebensgeschichte und zu meinem Umfeld gründlich verändert – so wie es mir in meinem vorherigen jahrelangen Ringen um Lebenssinn und Leben ohne Alkohol nicht möglich gewesen war.

Wie es begann

Äußerlich sichtbar begann mein Weg in die Sucht, als ich vor Jahren an Darmkrebs erkrankte und deshalb als „Kapitän auf großer Fahrt" seedienst-untauglich wurde. Von da an bekam ich mein Leben nicht mehr in den Griff. Von Mitte der siebziger bis Mitte der neunziger Jahre habe ich massiv getrunken. Zunächst konnte ich meine Existenz- und Lebensangst scheinbar erfolgreich mit Alkohol bekämpfen. Aber am Ende ließen sich meine Nerven, mein Geist und meine Seele so nicht mehr ruhig stellen.

Jahrelang versuchte ich erfolglos trocken zu bleiben. Trotz stationärer Therapien, dem Zwölf-Schritte-Programm der Anonymen Alkoholiker und anderen Hilfestellungen gelang es mir nicht. Ich schien ein hoffnungsloser Fall zu sein.

Ehe, Familie, Beziehungen zur Verwandtschaft – alles ging vollends in die Brüche.

Ich hatte zuviel Angst

In den früheren Therapien hatte ich meine Seele und die Gefühle immer außen vor gelassen. Heute weiß ich, dass ich damals einfach zu viel Angst hatte, mich auf den beschwerlichen Weg zu meinem Inneren, zu mir selbst zu machen. Denn das hätte bedeutet, Wunden und seelische Narben bis in die früheste Kindheit hinein aufzuspüren und bloßzulegen, mich unter großen Ängsten und Schmerzen so zu sehen, wie ich wirklich war.

Dieses Mal ließ mich die Erfahrung, mir selbst seelisch auf die Spur zu kommen, mit therapeutischer Hilfe frühkindliche Prägungen zu erkennen und Ansätze zur Aufarbeitung, zur Veränderung zu finden, allmählich innerlich zur Ruhe kommen.

Die Fassade bröckelt

Ich erkannte Zusammenhänge zwischen meiner früheren Rolle in meiner Familie samt meinem sorgfältig gehegten Selbstbild als lebenswichtiger Fassade, meinem schwachen Selbstvertrauen und meinen ständigen Fluchtversuchen vor der Einsamkeit in Betriebsamkeit, Arbeit oder Scheinaktivitäten – immer angepasst und pflegeleicht. Ich bekam eine völlig neue Sicht von mir selbst und meiner Rebellion durch den Alkoholmissbrauch. Und ich konnte nun den Mut aufbringen, meine seelischen Defizite und meine in der Kindheit abbekommenen Wunden zu betrachten und aus tiefstem Herzen zu sagen: „Ja, das ist so, das ist geschehen und das gehört zu mir." Von da an brauchte ich keine Feindbilder, keine böse Welt mehr, um meine Gefühle der Einsamkeit und der Verlassenheit zulassen zu können und sie nicht wegsaufen zu müssen.

Aufgaben für die Zukunft

Gefühle zuzulassen, die mich lähmen, behindern oder in Angst versetzen, sie anzusehen und sie anzunehmen, das wird meine wesentlichste Arbeit für die nächsten Jahre sein. Früher habe ich versucht, diese Gefühle der Isolation, der Minderwertigkeit, des Überfordertseins zu zerstreuen mit Konsum, mit Sex, mit Alkohol – in der sicheren Annahme, sie sonst nicht aushalten zu können in meiner noch sorgsam gehüteten Fassade. Wenn diese lähmenden Gefühle jetzt wieder auftauchen, kann ich mich ihnen stellen in der Gewissheit, dass sie ebenso zu meinem Leben gehören wie Freude.

Stille, Einkehr, milde Selbstbetrachtung lassen mich etwas ahnen von dem, was an Kraft der Schöpfung in meiner Seele ruht. Das gibt mir Frieden von Gott her, das Gefühl, dass alles gut ist, so wie es ist.

Jahrelang hatte mich ein tiefer Spalt zwischen meinem wahren Ich und dem durch Hunger nach Liebe, äußerem Ansehen und Erfolg geprägten, unersättlichen Ich innerlich zerfressen. Schubweise hatte ich jahrein, jahraus versucht, das mit Alkohol auszugleichen – ein Selbstheilungsversuch, der am Ende garantiert tödlich verlaufen wäre. Es hat lange gedauert, bis mir das in der Therapie deutlich wurde.

Die Lebensentscheidung

Mein Eingeständnis, dass ich in dieser verzweifelten inneren und äußeren Situation nicht weiter leben konnte, stellte mich vor die endgültige Frage, mich umzubringen oder einen Weg zum Leben zu finden. Die Entscheidung für mich selbst zu einer Eigenliebe im Sinne der Annahme meiner guten und schlechten Eigenschaften ist mir durch die Therapeuten leicht gemacht worden.

Viele Menschen verstehen unter Hilfe alles andere als eine Konfrontation mit sich selbst. Das zeigt, wie verbreitet die Angst ist, das System zu verlassen, in dem es für jede Misere einen Verantwortlichen, einen Schuldigen gibt – nur nicht einen selbst. Wer dieses in der Saufzeit schützend antrainierte Erklärsystem nicht durchbrechen will, geht vergebens in eine Therapie, in der das zentrale Problem der Eigenverantwortlichkeit so deutlich heraus gestellt wird. Denn auch dem gewieftesten Selbsttäuscher bleibt hier kein Schlupfloch offen.

Was mich trägt

Seit Verlassen der Klinik habe ich nun die Gelegenheit, an meinem Entschluss, ein abstinentes Leben zu führen, in täglicher Praxis zu arbeiten. Jeden Tag suche ich eine Zeit der inneren Einkehr, der Stille. Ich nenne das Gebet: Sammlung meiner Kräfte durch Gottes Kraft, die alles Leben gibt und in der Stille auf mich wirken kann. Diese Haltung nimmt mir die Angst vor Verlust von Ansehen, von Menschen und materieller Sicherheit. Bei den Menschen in unserer Blaukreuz-Gruppe fühle ich mich getragen und geborgen.

Das größte Geschenk für mich ist meine Partnerin. Ebenso sind unsere beiden Kinder zentraler Bestandteil unserer kleinen Lebensgemeinschaft. Sie lehren mich Güte, Toleranz, Liebe und den Wert des Andersseins als ich selbst. Das gemeinsame Essen ist immer der Höhepunkt des Tages; anschließend noch Spielen und Gute-Nacht-Geschichten. Der Abend gehört dann Christiane und mir.

Es hat sich alles zum Guten gewendet

Natürlich haben wir auch Meinungsverschiedenheiten, die auch nicht immer so verlaufen, wie es in den Vorträgen in der Klinik klassisch dargelegt wurde. Aber wir reden miteinander auch über Verletzungen und Gefühle. Das tut mir unendlich gut, und ich überwinde den manchmal doch aufkommenden Drang, mich stumm abzuwenden und mich innerlich zurückzuziehen. Dieser Mechanismus hat mich früher zwar oft „geschützt", aber er hat mich auch verzweifeln lassen und mich in Alkoholexzesse getrieben.

So reiht sich in liebevollem Umgang miteinander ein Tag an den anderen, und ich habe die feste Zuversicht, dass Gott mir allmählich meine geistige und seelische Gesundheit wieder gibt, dass es mir langfristig beschieden ist, wieder glücklich sein zu können. Manchmal bin ich selbst erstaunt, wie sich alles zum Guten wendet, was vor einem Jahr um diese Zeit noch mit Verzweiflung und Lebensmüdigkeit angefüllt war.

Ich genieße mein neues Leben.

Anregungen für das Gruppengespräch:
Impulsfragen:
● *Was löst das Wort „Krise" an Erinnerungen und Gefühlen bei mir aus?*
● *Welche Erfahrungen im Umgang mit Krisen kenne ich aus meinem Elternhaus?*
● *Wie habe ich mich bisher in Krisensituationen verhalten?*
● *Gibt es in meinem Leben gelungene Krisenzeiten und wie sahen sie aus?*
● *Welche Erfahrungen mit Krisen habe ich in meiner Gruppe gemacht?*
  Wie haben wir sie bewältigt? Falls nicht: Wie wirkte sich die unbewältigte Krise auf unsere Gruppe aus?

Ein weiterer Text zu diesem Kapitel:
Christina: „Andere trinken doch auch!", Seite 48

„Der alltägliche Wahnsinn"
Kinder erleben die Sucht

„Du hast doch alles, was du brauchst!", wirft der betrunkene Vater seinem Sohn vor. „Nein!", schreit der verzweifelt weinend zurück. „Ich brauche einen Vater!"

Dies ist das Kernproblem der Kinder von Alkoholkranken: der suchtkranke Elternteil fällt aus. Sie durchleiden Scham und Peinlichkeit, den unberechenbaren Wechsel von Zuwendung und Abweisung, ihnen fehlt eine zuverlässige Identifizierung mit dem Elternteil ihres Geschlechts, sie dienen als Objekt von Verwöhnung und Aggression, sind bei Auseinandersetzungen zwischen den Eltern gezwungen, Partei zu ergreifen, sie dienen häufig als Partnerersatz und werden emotional überfordert, sie müssen zu früh zu viel Verantwortung in der Familie übernehmen, erfahren sexuelle Belästigungen, Missbrauch und Misshandlungen und leiden häufig unter den finanziellen Problemen in der Familie. Es ist – kurz ausgedrückt – der alltägliche Wahnsinn.

„Lieber Papa, es war schrecklich", schreibt **Nadine**, 19 Jahre, an ihren alkoholabhängigen Vater.

Ebenso klingt es in einem Brief des 16-jährigen **Marc** an seinen Vater: „Da war die riesige Angst, dass ihr euch scheiden lasst."

Dieter, 23 Jahre, betet aus Furcht, sein betrunkener Vater könnte in sein Zimmer kommen: „Bitte, lieber Gott, mach, dass er nicht reinkommt."

Silke stellt resigniert fest: „Weihnachten war immer das Schlimmste."

Nadine

„Lieber Papa, es war schrecklich!"

Eine Tochter schreibt ihrem alkoholkranken Vater

Lieber Papa!
Du fragtest mich nach meinen Gefühlen und Gedanken während deiner Trinkzeit. Es fällt mir nicht so leicht, dir das mitzuteilen. Während der Zeit, in der du angefangen hast zu trinken, waren meine Gefühle und Gedanken sehr unterschiedlich. Einerseits habe ich manchmal gar nichts gefühlt. Du warst mir einfach egal. Oft kamst du später nach Hause, weil du noch irgendwo was getrunken hast.

Wenn Mutter dann am Fenster stand und sich riesige Sorgen gemacht hat, ob du vielleicht einen Unfall hattest, da war es mir einfach egal. Ich habe dann versucht, Mutter beizubringen, doch alles etwas gelassener zu sehen, weil sie sich sonst seelisch kaputt macht. Doch Mutter fühlte immer noch etwas für dich. Und ich glaube, das tut sie heute noch, obwohl sie eigentlich keinen Grund dazu hat, nach allem, was du ihr angetan hast.

Ich habe mich geschämt

Manchmal jedoch wollte ich dich unbedingt wieder zu dem machen, was du am Anfang einmal für mich warst – mein lieber Papa. Wenn wir dann im Wohnzimmer saßen und mühsam probiert haben, dir einen logischen Gedanken zu entlocken, kam in mir so eine Wut auf, dass ich am liebsten den Alkohol aus dir herausgeprügelt hätte. Es war schrecklich, dich so zu sehen! Ich kam nicht an dich heran. Ich habe mich geschämt für das, was ich vor mir sah. Ich wollte und ich will meinen richtigen Papa wiederhaben!

Ein Hoffnungsschimmer?

Manchmal hatte ich dich schon aufgegeben. Zum Beispiel als wir uns einmal ausgesprochen hatten und du fest geschworen hast, mit dem Trinken endlich aufzuhören. Du hast sogar geweint! Da sah ich wieder einen kleinen Hoffnungsschimmer, an den ich mich klammerte. Aber der platzte, als du am nächsten Tag wieder stark angetrunken nach Hause kamst. Ich war so furchtbar enttäuscht!

Danach habe ich mich gefragt, was dieses Gespräch eigentlich gebracht hat – nämlich gar nichts. Selbst während unseres Gespräches war ich mir nicht sicher, ob du überhaupt nüchtern warst. Solche Familiengespräche hatten wir ungefähr dreimal. Beim dritten Mal wusste ich schon, dass morgen doch wieder alles „wie gehabt" bei dir abläuft, und ich habe mich gefragt, warum ich mir eigentlich so viel Mühe damit machte. Es nützte ja doch nichts!

Ich wollte mich schützen

So habe ich halt immer mehr Abstand von dir genommen. Erstens, weil ich mir gesagt habe: Soll er doch sein Leben kaputtmachen, mich zieht er nicht so mit runter wie die Mutti. Ich will mir mein Leben nicht kaputtmachen lassen.

Zweitens wollte ich nicht noch mehr Achtung vor dir verlieren und drittens zu meinem Selbstschutz. Ich wollte mit dir und den Problemen, die du bei uns verursacht hast, nicht jeden Tag aufs Neue konfrontiert werden.

Werden wir wieder eine richtige Familie?

Ich persönlich sehe den Alkoholismus nicht als eine Krankheit und den Alkoholiker nicht als einen Kranken an, egal was er als Kind oder sonst wo in seinem Leben durchgemacht hat. Es gibt viele Menschen, die seelisch nicht so stark sind, um mit ihren Problemen alleine fertig zu werden. Entweder müssen sie dann damit leben oder sich Hilfe von außen suchen.

Und ich bin der Meinung, jeder hat die Wahl, sich die richtige Hilfe selber zu wählen. Der Alkohol war für dich, Papa, keine Hilfe und auch keine Lösung. Er hat bei uns alles nur verschlimmert.

Ich hoffe, wir werden irgendwann wieder eine richtige Familie! Ob dein Aufenthalt in der Blaukreuz-Fachklinik dazu beträgt?

Deine Nadine

Marc
„Da war die riesige Angst, dass ihr euch scheiden lasst ..."
Ein Sohn schreibt seinem alkoholkranken Vater

Hallo Papa!
Du möchtest von mir wissen, wie ich dich in deiner Trinkzeit erlebt habe. Das will ich dir gerne schreiben:

Am Anfang kam es mir mit dir nicht so schlimm vor, weil du oft bis spätabends weg warst. Erst als wir nach Bixfeld gezogen sind, bekam ich das wahre Ausmaß deines Trinkens mit. Und da befiel mich die riesige Angst, dass ihr euch scheiden lasst. Immer wieder dachte ich daran: Hoffentlich gehen sie nicht auseinander!

Mama ist dann ja auch wirklich mal für einige Wochen ausgezogen, weil sie es mit dir einfach nicht mehr aushielt. Trotzdem hat sie dich in ihrem Inneren nie verlassen wollen.

Du hast dich und uns kaputtgemacht!

Durch deine Sauferei machtest du uns, Sandra und mich, und auch Mama und dich selbst, innerlich kaputt. Du hast dich und uns nur noch belogen und betrogen. Wir waren dir offensichtlich gleichgültig geworden, denn du kümmertest dich nicht mehr um uns.

Du, das tat mir richtig weh in meinem Herzen. Und als wäre dies noch nicht genug, hast du Mama seelisch noch mehr ruiniert.

Seitdem habt ihr auch keine glückliche Ehe mehr geführt. Ihr lebtet nur noch im Streit. Ich war sehr, sehr sauer auf dich. Du kamst von der Arbeit, hattest getrunken – es aber nie zugegeben. Dann lagst du immer schlafend auf dem Sofa und ich dachte nur noch daran, wie du so herunterkommen konntest. Ich fand es schlimm, dass du nicht mehr in der Lage warst, auf dich selbst zu achten.

Ich wollte dich nie wieder sehen!

Als Mama mit uns zusammen bei dir auszog, hörtest du mit dem Trinken für kurze Zeit auf. Als wir Kinder dich alleine besuchten, mussten wir deinen Scheiß von der ganzen letzten Woche spülen.

Glaubst du, das hätte mir Spaß gemacht? Nein! Ich hatte mich darauf gefreut, dich zu sehen, aber als ich merkte, dass du doch wieder mit dem Trinken angefangen hast, da wollte ich dich am liebsten nie wieder sehen. Dein Trinken wurde in der Folgezeit immer schlimmer, du trankst beim Autofahren, auf der Arbeit und zu Hause.

Ich hätte dich schlagen können!

Auf deine vielen Versprechungen hin zogen wir alle wieder zusammen, was mich am Anfang sehr glücklich machte. Doch mit der Zeit reduzierte sich meine Freude, mit dir zusammenzuwohnen. Du fingst an, wieder genauso schlimm zu trinken wie früher. Das Bier war dein bester Freund – nicht wir, deine Familie. Dann hast du es dir zur Gewohnheit gemacht, uns nur noch zu beschimpfen, bekamst oft Wutanfälle.

Ich weiß nicht, ob du mitgekriegt hast, wie oft ich nach deinem Trinken heulend in meinem Bett lag. Ich sah dich tagtäglich nur noch trinken: Morgens, mittags, abends.

Und dann war da dieser furchtbare Abend: Du warst stark betrunken, bekamst von uns nicht, was du wolltest und hast Sandra geschlagen. So wütend wie damals war ich vorher noch nie auf dich gewesen. Hättest du nochmals zugeschlagen, ich glaube, dann hätte ich dich auch geschlagen, damit du von deinem Alkoholrausch herunterkommst.

Die schlimmste Zeit folgte für mich, als du ausgezogen bist und dich mit Sturheit geweigert hast, endlich zur Therapie zu gehen. Ich habe in den darauf folgenden Nächten nur noch stundenweise geschlafen. Mich hat das alles fertig gemacht.

Jetzt freue ich mich über dich

Endlich kamst du zu uns zurück. Und dann bist du dorthin gefahren, wo du jetzt bist – nach Radevormwald in die Blaukreuz-Fachklinik. Weißt du, Papa, das macht mich verdammt glücklich.

Und noch was möchte ich dir sagen: Ich freue mich immer über deine Stimme am Telefon, wenn du uns von der Klinik anrufst. Aber besonders freue ich mich darauf, wenn ich dich besuchen und sehen kann, denn dann weiß ich, dass du dich in Bezug auf Alkohol wirklich bessern wirst. Und wenn wir wieder von dir aus zurückfahren, fange ich schon an, dich zu vermissen. Du fehlst mir sehr!

Ich hoffe, dass dir mein Brief geholfen hat, etwas darüber zu erfahren, wie es mir in deiner Trinkzeit erging.

Tschüss und einen dicken Kuss für dich.
Dein dich immer liebender Sohn   *Marc*

PS: Das ist von mir ein Zeichen, dass ich dir immer beistehen werde.

Diesen Brief schrieb Marc, 15 Jahre alt, kurz vor einem Vater-Sohn-Wochenende in der Blaukreuz-Fachklinik „Curt-von-Knobelsdorff-Haus". Es wurde für Vater und Sohn ein wichtiger Neubeginn in ihrer Beziehung.

Dieter
„Bitte, lieber Gott, mach, dass er nicht reinkommt"

Am frühen Morgen, fünf Minuten vor sechs, es wurde gerade hell, da brachten sie ihn. Zwei Männer führten ihn. Er stammelte wirres Zeug. Sein Hemd hing heraus. Jetzt sah ich es mit eigenen Augen: Das war also der Grund, warum es am Abend öfter ein Geschrei gab. Was ich befürchtet hatte, war nicht mehr verdrängbar.

Eine andere Situation. In einer halben Stunde gibt es die Spätnachrichten. Meine Schwester und ich sind bereits im Bett. Papa ist wieder weg. Ich kann nicht einschlafen, solange er nicht zurück ist. Unten läuft der Fernseher. Da kommen Schritte. Ich höre, wie die Haustürklinke niedergedrückt wird. Ist er es? Hoffentlich, oder auch nicht!

Mutter macht auf. Er ist es! Er mosert schon wieder im Flur herum. Die Stimmen werden lauter. Ich verstehe bloß Wortfetzen. Dann kommt die Tante, Papas Schwester, zu uns ins Zimmer. Ich stelle mich schlafend, horche aber noch genauer hin. Jetzt geht jemand die Treppe hoch. Es ist Mutter. Ich höre, wie sie schnell geht. Dann ist Stille. Er muss noch unten sein. Ist er eingeschlafen? Soll ich runtergehen und ihn wecken, oder soll ich so tun, als müsste ich aufs Klo und dabei nach ihm schauen? Oder soll ich jetzt nicht endlich einschlafen?

Da geht unten die Türe. Er kommt die Treppen hoch, schwerfällig, und dann auf die Tür meines Zimmers zu. Ist sie abgeschlossen? Oh, mein Gott, sie ist nicht abgeschlossen! Was mache ich denn, wenn er jetzt reinkommt, wie beim letzten Mal? „Bitte, lieber Gott, mach, dass er nicht reinkommt!" Er geht vorbei. „Danke, lieber Gott!" Die Tür zum anderen Zimmer knallt. Dann ist Ruhe. Endlich!

Ein anderer Tag. Vater kommt gerade heim. Ich beeile mich mit dem Essen. Ich will fertig werden, bevor er wieder anfängt zu „predigen", und will mich dann verziehen. Ich kann sein Predigen und das Geschrei nicht mehr hören. Er kommt herein, setzt sich hin, grinst widerlich und stinkt eklig aus dem Mund. Es würgt mich. Erbrechen könnte ich mich! Aber er scheint guter Laune zu sein. Es geht heute wohl ohne Streit ab. Oder? Er fängt an, übers Fernsehprogramm zu lamentieren, wie man sich so was überhaupt anschauen könne. Niemand von uns erwidert etwas. Es ist so sinnlos, wie gegen eine Schallplatte anzureden.

Ich gehe in mein Zimmer, will Musik hören, richtig schön laut und dabei alles vergessen und verdrängen. Aber es klappt nicht so richtig. Immer wieder drehe ich die Musik leise, horche nach unten, ob es Krach gibt, ob ich helfen muss, ob meine Mutter mich braucht. Aber es passiert lange Zeit nichts. Ich gehe nach unten und schaue fern. In Wirklichkeit aber will ich sehen, was los ist.

Die anderen tun so, als ob Vater Luft wäre. Er sitzt am Tisch, den Kopf in den Händen. Als er etwas sagen will, merke ich, dass er weint, so richtig jämmerlich weint. Ich schaue fragend zu den anderen hin. Die lassen sich davon nicht beeindrucken. Nun beginnt es in mir zu wühlen.

Ich gehe wieder nach oben zu meiner Musik. Ich lasse sie laut spielen, aber ich höre nicht hin. Ich liege auf dem Bett und weine auch, richtig jämmerlich! Was hat er da zum Schluss gesagt? Nun hätten wir es endlich geschafft! Wir hätten ihn da, wo wir ihn hinhaben wollten, am Boden. Ja, er liegt am Boden. Aber nun soll ich auch noch daran Schuld sein? Ich kann es nicht verkraften, so einen ungerechten Vater zu haben.

Ein andermal. „Ihr habt keine Ahnung, wie es in der Welt aussieht", lamentiert mein Vater wieder. „Das siehst du doch selber am wenigsten. Du kennst nur das Wirtshaus und deine Kumpane. Du bist ja dauernd betrunken. Du bist gar nicht mehr nüchtern", gebe ich zurück. „Und du musst erst einmal Geld verdienen, bevor du solche Ansprüche stellst." – „Ja, das ist es, was du mir immer vorwirfst, weil du mir das Studium nicht gönnst. Du würdest die paar Mark, die ich von dir bekomme, am liebsten auch noch versaufen." Er: „Ich kann mit meinem Geld machen was ich will. Das geht dich gar nichts an, verstehst du! Verdiene erst mal was, dann kannst du mitreden, oder ist es dir schon mal schlecht gegangen? Du hast doch alles, was du brauchst!" – „Nein, ich brauche einen Vater!" Ich bin verzweifelt, weine und renne fort.

Andere Kinder sind stolz auf ihren Vater und sagen es auch. Und ich? Ich muss mir von ihm sagen lassen, dass ich ihn zugrunde richte, obwohl er doch in Wirklichkeit uns zugrunde richtet. Nein, einem solchen Menschen kann ich kein Vertrauen entgegenbringen, keine Liebe schenken, ihm nicht glauben, ihn nicht ernst nehmen. Vor einiger Zeit gab ich ihm den Mündigkeitsstatus eines Fünfjährigen. Ich begann, über ihn zu lächeln. Seitdem habe ich eigentlich keinen Vater mehr. Von da an war ich erwachsener als er.

Silke Morlang
„Weihnachten war immer das Schlimmste!"

„Sti-hil-le Nacht, heilige Nacht ..." Wenn ich an Weihnachten mit meinen Eltern denke, höre ich immer dieses Lied. „Stille Nacht, heilige Nacht ..." Kein Lied klang für mich verlogener. „Stille Nacht, heilige Nacht ..." Hoffentlich ist es bald wieder vorbei.

Meine Weihnachtserlebnisse haben dazu geführt, dass ich sehr schnell merke, wenn Menschen Rituale befolgen, ohne darüber nachzudenken.

Der Geburtstag des Gottessohnes – eigentlich ein hoffnungsvoller Gedenktag – bedeutete für mich: Drei Tage lang mit der Familie zwischen Tannenbaum, Schallplattenapparat, Fernsehen und Esstisch eingesperrt zu sein und verzweifelt zu versuchen, den Frieden aufrechtzuerhalten, den es schon lange nicht mehr gab.

An den Weihnachtsfesten in meiner Jugendzeit wurde schon am Morgen des Heiligen Abends sichtbar, wie der Tag verlaufen würde, denn der Tagesrhythmus und die Gesamtstimmung waren abhängig vom Alkoholgehalt im Blut meiner Mutter.

War sie morgens gegen elf Uhr schon betrunken genug, schlief sie den Nachmittag über. Anschließend hatte sie zwar zunächst einen Kater, aber gegen den trank sie in der Regel an und hielt bis etwa dreiundzwanzig Uhr einen Alkoholpegel, mit dem sie friedlich blieb.

Trat die Trunkenheit erst gegen Nachmittag auf, zog sie meist ohne Vorankündigung das Abendessen vor und schlief anschließend ein. Oder es blieb beim geplanten Zeitablauf und alles konnte in sehr gereizter Stimmung enden.

Wirklichen Streit gab es eigentlich nie an Weihnachten. Aber das war ja das Schlimme daran: Diesen Zustand zu vermeiden, kostete noch mehr Energie als die Bewältigung des „normalen" Alltags in einer Alkoholikerfamilie.

Und immer brannte der Tannenbaum und immer dudelte die Platte dazu oder sang ein Chor im Fernsehen. „Sti-hil-le Nacht, heilige Nacht ..."

Die Katastrophe trat jedoch für mich dann ein, wenn meine Diagnose über den wahrscheinlichen Verlauf des Heiligen Abends nicht eintraf.

Einmal vermutete ich, meine Mutter würde voraussichtlich bis achtzehn Uhr schlafen und das Abendessen etwas später eingenommen werden als sonst. Ich schmückte gerade den Tannenbaum, es war gegen fünfzehn Uhr. Plötzlich lag eine andere Stimmung in der Luft. Irritiert ging ich in die Küche und fand meine Mutter sturzbetrunken über den Kochtöpfen stehend vor.

Sie hatte die Geschenktüte für die Mitarbeiter aus der Firma meines Vaters entdeckt, in der sich unter anderem ein halber Liter Schnaps zum Einmachen von Früchten befand.

Meine Mutter hielt eine Zigarette in der Hand, deren Asche in den Rotkohl zu fallen drohte. Beim ersten Wort, das ich an sie richtete, griff sie zum Aschenbecher und warf ihn nach mir.

Ich weiß nicht mehr, wie die Situation endete, ich weiß nur noch, dass sich irgendwann an diesem Abend alle Beteiligten zur Bescherung und zum Abendessen zusammenfanden. Und die Schallplattenmusik durfte natürlich auch nicht fehlen.

Nachtrag: Seit drei Jahren feiern mein Mann und ich Weihnachten bei der Familie meines Schwagers. Heiligabend gehen wir mit meinen beiden Nichten in den Kindergottesdienst. Anschließend kommt ein Freund der Familie als Weihnachtsmann verkleidet ins Haus. Schon Monate im Voraus freue ich mich auf die Mädchen mit den großen glänzenden Augen vor dem riesigen Weihnachtsbaum in der Kirche. Außerdem genieße ich es, wie sie ehrfurchtsvoll an ihre Eltern gelehnt Gedichte für den Weihnachtsmann vortragen. Und singen tue ich auch. Unter anderem „Stille Nacht, heilige Nacht ..."

Ein weiterer Text zu diesem Kapitel:
Tom Klaus: „Es ist alles meine Schuld", Seite 115

„... dass nicht sein kann, was nicht sein darf!"

Als Christ alkoholabhängig?

Das darf nicht sein! Sucht bei Christen – das ist für viele ein Tabuthema: Man will und man kann sich nicht vorstellen, dass Menschen, die ihren Glauben ernst nehmen, auch alkoholabhängig werden können.

Doch die Wirklichkeit sieht anders aus: Auch bei Christen kommt es vor, dass sie in Lebenskrisen oder ausweglosen Situationen zum „Lösungsmittel Alkohol" greifen, oder dass sie durch regelmäßiges Trinken in einen Kreislauf der Abhängigkeit geraten – ganz gleich, ob sie „normales" Gemeindemitglied, Gemeindeleiter oder Pastor sind.

Sich ihrem Suchtproblem zu stellen und Hilfe zu suchen, fällt ihnen dann besonders schwer. Denn da ist einerseits der Druck von innen: „Als Christ müsste ich die Kraft haben, meinem Verlangen zu trinken zu widerstehen." Und andererseits ist da die Erwartung von außen: „... dass nicht sein kann, was nicht sein darf!" So fühlen sich die Betroffenen oftmals besonders schuldig und leiden unter ihrer Einsamkeit.

„Wie konnte mir das nur passieren?", fragt sich **Bernt Schulz** und beschreibt seinen schwierigen Weg.
   Über sein schreckliches Doppelleben als Alkoholabhängiger berichtet Pastor **Klaus Adam**.

Wenn ein Pastor Alkoholprobleme bekommt ...
Ein Interview mit Klaus Adam

Herr Adam, würden Sie bitte einen kurzen Überblick über Ihr Leben geben?
Ich wurde 1946 in einem kleinen Dorf bei Bad Kreuznach geboren. Als ich zwei Jahre alt war, verließ mein Vater meine Mutter. So musste sie meine kleine Schwester und mich ganz allein durchbringen, und das war schwer. Wir hatten nur das, was wir unbedingt zum Leben brauchten.

Mit zwölf Jahren entschied ich mich bewusst für ein Leben mit Jesus Christus. Mit vierzehn habe ich die Volksschule abgeschlossen und anschließend eine Ausbildung als Verwaltungsfachangestellter gemacht. Später wurde mir klar, dass Gott mich in den vollzeitlichen Dienst berief, und so besuchte ich fünf Jahre das theologische Seminar der Liebenzeller Mission. Danach war ich vierundzwanzig Jahre hauptamtlicher Prediger.

Sie haben als Pastor Alkoholprobleme bekommen. Wie hat das angefangen und wie konnte das geschehen?
Die Alkoholprobleme begannen, weil ich mit schweren psychischen Problemen nicht fertig wurde. Ich hatte mit Depressionen und ständigen Selbstmordgedanken zu kämpfen und fand auch durch viele seelsorgliche Gespräche keine angemessene Hilfe.

Schließlich bin ich heimlich zu einem Nervenarzt in eine andere Stadt gefahren und habe ihm geschildert, was in mir vorging. Da sagte dieser Arzt, ich sei hochgradig suizidgefährdet, ich müsse unbedingt Psychopharmaka nehmen. Das wollte ich nicht. Da lehnte er die Behandlung ab. Beim Hinausgehen sagte er noch: „Wie gehen Sie mit Alkohol um?" Und ich sagte: „Wie jeder andere auch, ich habe da keine Probleme." Er meinte dann: „Wenn das so ist, dann machen Sie es so: Bevor Sie ganz den Bach runtergehen, trinken Sie abends bevor Sie schlafen gehen zusammen mit Ihrer Frau ein Glas Wein. Das macht Sie still und Sie können leichter zur Ruhe kommen und schlafen."

Als ich dann heimkam, habe ich meiner Frau gleich alles erzählt. Wo ich war und was da los war und was der Arzt gesagt hatte. Wir haben seinen Rat dann befolgt, und das hat zuerst auch wirklich geholfen. Aber ich wusste eigentlich von Anfang an, dass das auf Dauer schief gehen musste. Doch zu dieser Zeit wusste ich mir keinen Rat, ich sah einfach keine andere Möglichkeit mehr, aus meinem Dilemma rauszukommen.

Nun wird mancher denken: Ein Glas Wein am Abend, da ist doch nichts dabei. Das kann doch nicht schaden.

Das mag für andere stimmen. Aber bei mir lief es anders. Denn ich brauchte bald mehr, als nur dieses eine Glas am Abend. Meine Frau sollte nichts davon merken, und da habe ich dann angefangen heimlich zu trinken. Wer sich auskennt mit Sucht, der weiß, dass es etwas vom Schlimmsten ist, mit dieser Heimlichkeit zu leben.

Ich habe nirgends öffentlich getrunken, auch nicht bei Hausbesuchen, wenn ich dort ein Glas Wein angeboten bekam. Aber ich habe dann öfters von den Leuten eine Flasche Wein geschenkt bekommen. Die habe ich mir im Wald versteckt. An verschiedenen Stellen hatte ich meine Verstecke, wo ich mich bedienen konnte, wenn ich ein Bedürfnis hatte. Das war meistens abends nach dem Dienst, bevor ich nach Hause kam. Wenn ich dann ins Bett ging, habe ich mir vorher die Zähne geputzt oder Knoblauch gegessen usw., damit meine Frau das nicht merkte. Sie hat es manchmal doch gemerkt, aber ich habe dann gelogen.

Wie haben Sie damit gelebt? Was hat Ihr Gewissen dazu gesagt?

Das Doppelleben, das ich zu der Zeit führte, war schrecklich. Nach außen hin war ja alles in Ordnung, da war ich Prediger und habe weiter meinen Dienst in den Gemeinden und den Jugendkreisen ausgeführt. Aber innerlich sah es ganz anders aus. Da war ich zerrissen und gequält und sah keinen Ausweg mehr. Auch der Alkohol konnte mich da nicht trösten.

Schließlich habe ich bei einem internen Mitarbeitertreffen von meinen Problemen erzählt. Um mir zu helfen, versetzte mich mein Arbeitgeber daraufhin in einen anderen Bezirk. Da ging es mir für einige Zeit auch wirklich besser, aber bald holten mich meine alten Probleme wieder ein.

Daraufhin wechselte ich den Beruf und fing an, nachts in der Notaufnahme eines Krankenhauses zu arbeiten. Aber auch dort habe ich nach meinem alten Muster weitergelebt. Ich habe mich wieder total übernommen. Ich habe im Krankenhaus gearbeitet, im Bezirk gepredigt und bin noch nebenher LKW gefahren, um noch Geld dazu zu verdienen, bis ich dann eines Morgens um halb fünf im Dienst zusammengebrochen bin.

Das war nicht unmittelbar im Zusammenhang mit Alkohol, aber ich war einfach rundum am Ende. Das war mein Nullpunkt. Das Problem wurde offensichtlich, und mir wurde klar, dass ich entweder aus dieser Tretmühle herauskomme oder mein Leben aufs Spiel setze. Das war für mich der konkrete Anlass, eine Therapie zu beginnen. Ich kam dann in den Ringgenhof bei Ravensburg, eine christliche Therapieeinrichtung für Suchtkranke.

*Können Sie zusammenfassen, was für Sie während dieser Zeit den Durch-
bruch gebracht hat?*

Zunächst hat sich so gut wie gar nichts getan, denn in den ersten sechs
Wochen habe ich total abgeblockt. Ich war eben von meinem christlichen
Umfeld so geprägt, dass man von Psychologie und von Gruppendynamik
und so weiter besser die Finger weglieβ. Deshalb hatte ich furchtbare Ängste, etwas von mir preiszugeben. Ich bin zwar bei den Gruppenstunden dabei
gewesen wie die anderen auch, aber ich habe nichts erzählt. Bis eines Tages
der Therapeut zu mir sagte: „Herr Adam, entweder Sie öffnen sich oder Sie
müssen gehen. Wir können es uns nicht leisten, Sie hier zu behalten."

Da stand ich vor der Wahl: Was mache ich? Und habe dann beschlossen,
mich zu öffnen, und zwar ganz radikal. Ich habe in der Gruppe alles gesagt,
was in mir vorgeht. Heute weiß ich, dass dies für mich eine ganz groβe
Chance und eine ganz groβe Hilfe war. Außerdem habe ich im Laufe
der vielen Einzelgespräche mit dem Therapeuten, der auch überzeugter
Christ war, meine ganze Vergangenheit von der frühesten Kindheit an aufgearbeitet.

Seitdem weiß ich, woher diese schweren Depressionen kamen. Und ich
bin Stück für Stück innerlich geheilt worden. Die Depressionen waren auf
einmal weg. Ich habe auch kein Verlangen nach Alkohol mehr gehabt und
es ging mir rundum gut.

Hat sich die Therapie auch auf Ihren Glauben ausgewirkt?

Ja, und zwar ganz entscheidend. Durch meine Prägung schon von zu Hause her hatte ich ein ganz falsches Gottesbild. Gott war für mich jemand, der
hoch über allem ist. Der mich zwar lieb hat, aber doch fast wie ein Polizist
aufpasst, dass ich nichts falsch mache. Und ich lebte so, dass ich diesem
Gott gefiel. Ich wollte etwas für ihn tun, damit er mir gut war. Wohl auch
von daher hatte ich immer viel mehr getan, als ich hätte tun müssen, als
Gott wirklich von mir erwartet hat.

Während der Therapie habe ich erkannt, dass ich ein falsches Gottesbild
hatte. Das war für mich erschreckend, dass ich als Theologe das lernen
musste von einem Therapeuten, der kein Theologe war, aber überzeugter
Christ. Ich habe auf einmal Gott ganz anders kennen gelernt: Als den Gott,
der es gut mit mir meint; der mich auch mit meiner Sucht liebt, zu dem ich
mit *allem* kommen kann; wo ich keine Leistung bringen muss. Ein ganz anderes Verhältnis zu Gott ist entstanden. Ich wurde total frei. Nicht nur von
Alkohol und Depressionen, sondern auch in meiner Beziehung zu Gott wurde ich ein freier Mensch, und das ist bis heute so.

Wie sieht Ihr Dienst für Gott heute aus? Wie würden Sie den Unterschied zu Ihrem früheren pastoralen Dienst beschreiben?

Ich bin nicht mehr hauptamtlich Prediger, ich arbeite in einem Diakonissenkrankenhaus und engagiere mich stark beim Blauen Kreuz. Außerdem predige ich oft noch, und vom Äußeren her scheint da kein großer Unterschied zu sein. Aber ich habe die befreiende Kraft von Jesus erlebt. Ich bin heute frei von Menschenfurcht, von Ängsten, von mir selbst. Ich bin frei geworden von dem inneren Anspruch: „Du musst dieses oder du musst jenes tun!" Ich bin selbstbewusst geworden und lebe mein Leben jetzt so, wie es Gott gefällt, ungeachtet dessen, was andere von mir denken und erwarten. Das ist für manche nicht ganz verständlich, aber ich habe herausgefunden, dass es sich damit sehr gut lebt. Dabei geht es nicht nur meiner Familie gut und den vielen Menschen, mit denen ich zu tun habe, sondern auch mir. Im Rückblick würde ich sagen: Ich habe fünfundvierzig Jahre lang funktioniert – jetzt lebe ich.

Bernt Schulz
Als Christ alkoholkrank? Unmöglich!

„Wer Jesus Christus kennt und bewusst mit ihm lebt, kann doch nicht alkoholabhängig bleiben oder gar werden!" Das war lange Zeit meine tiefste Überzeugung, die viele meiner Bekannten und Freunde mit mir teilten. „Es ist doch ganz klar", dachte ich damals, „wer die Herrschaft über sein Leben an Jesus übergeben hat, der ist selbstverständlich auch frei von allen zerstörerischen Bindungen. Und außerdem kann er ja beten. Er kann Jesus darum bitten, nicht mehr trinken zu müssen."

Heute kann ich das nicht mehr so einfach sehen, denn obwohl ich Christ war, bin ich vom Alkohol abhängig geworden und habe es jahrelang nicht geschafft, aus dieser Sucht herauszukommen.

Bis zu dieser Zeit war in meinem Leben alles glatt gelaufen. Ich hatte nach meiner Schulzeit eine Schriftsetzerlehre gemacht und war danach zwei Jahre bei der Bundeswehr gewesen. Bald nach meinem Wehrdienst hatten meine Frau Waltraut und ich geheiratet. Zwei Jahre später hatten wir uns auf das Bekenntnis unseres Glaubens an Jesus taufen lassen und waren

Mitglieder einer Baptistengemeinde geworden. Dann bekamen wir zwei Kinder und waren glücklich, als Familie unter Gottes Schutz und Segen zu leben.

Wie konnte mir das nur passieren?

Wie ich in die Sucht eingestiegen bin, weiß ich selbst nicht ganz genau. Während meiner Bundeswehrzeit habe ich – wie die meisten anderen auch – zwar manches Mal „einen über den Durst getrunken". Aber ich hatte nie Schwierigkeiten damit, mit dem Trinken auch wieder aufzuhören. Auch später habe ich hin und wieder Alkohol getrunken, aber nur bei besonderen Anlässen und Feierlichkeiten.

Einmal allerdings habe ich mich ganz bewusst mit Alkohol betäubt. Das war ein Jahr nach der Geburt unseres ersten Kindes, unserer Tochter Ilka. Wir hatten unser Konto kräftig überzogen, und ich wusste nicht, wie ich mit dieser Situation fertig werden sollte. Das machte mir Angst. Da habe ich getrunken, um nicht mehr denken zu müssen, um mich selbst einzulullen. Am nachfolgenden Tag hatte ich einen dicken Kater, und meine Schwierigkeiten hatten sich leider nicht von selbst aufgelöst.

War dies der Anfang? Setzte ich Alkohol ein, wenn ein Problem mich umwarf? Jahrelang ist nichts dergleichen wieder passiert. Zu jener Zeit wäre es mir nie in den Sinn gekommen, dass ich einmal Alkoholprobleme bekommen könnte. Ich engagierte mich intensiv in unserer Kirche und war dankbar, dass wir als Familie glücklich zusammenlebten.

Die große Herausforderung

1980 übernahm ich die Druckerei meines Vaters. Ich setzte mir zum Ziel, die Firma verantwortungsvoll und korrekt zu führen, und das erreichte ich auch. Ich war für jeden da, setzte mich ein für meine Kunden, die Arbeit und meine Angestellten. „Bernt macht das schon", war ein geflügeltes Wort in der Firma. Für mein Engagement in unserer Gemeinde und für Gott hatte ich allerdings immer weniger Zeit. Auch meine Frau und die Kinder kamen zu kurz. Ich stellte mich der Verantwortung für die Firma, aber verdrängte immer mehr meine Verantwortung vor Gott und für meine Familie.

Zwischen 1982 und 1984 muss es angefangen haben, dass ich Alkohol einsetzte, um trotz der großen Belastung in guter Stimmung zu bleiben und meine Probleme für kurze Zeit vergessen zu können. Ich fing schon morgens an zu trinken und nahm bis in die Abendstunden immer wieder ein

„Schlückchen". Gründe dafür fand ich immer: Ich trank, wenn alles gut lief – zur eigenen Belohnung – und trank, wenn es Ärger gab, um den Frust abzubauen. Ich musste mittlerweile trinken. Ich brauchte den Alkohol, weil mein Körper ihn inzwischen benötigte und weil ich ein gutes Gefühl davon bekam.

Schuldgefühle und Scham

Als ich merkte, dass mit meinem Trinkverhalten etwas nicht stimmte, schoss mir durch den Kopf: „Und du willst Christ sein?" Diese Scham und diese qualvollen Schuldgefühle konnte ich nicht aushalten. Deshalb habe ich, um sie zu betäuben, weiter getrunken. Da hatte mich der Alkohol vollends im Griff. Jetzt musste ich trinken.

Wie oft habe ich geschrieen und gebetet: „Herr, hilf mir, ich kann nicht mehr! Was soll ich tun, dass ich nicht mehr trinke? Ich habe dir doch mein Leben übergeben. Ich bin doch dein Kind!" Aber es änderte sich nichts, und meine Selbstverachtung wuchs immer mehr. Warum half Gott mir nicht?

1988 entschloss sich meine Frau, die längst gemerkt hatte, dass ich alkoholabhängig war, eine Gruppe der Anonymen Alkoholiker (AA) zu besuchen. Auch ich bin damals für drei Monate in die AA-Gruppe gegangen. Aber das habe ich wohl nur um meiner Familie willen getan und nicht für mich selbst, denn nachdem ich mich von der Gruppe verabschiedet hatte, griff ich bald wieder zum Alkohol. Ich wollte versuchen, kontrolliert zu trinken. Aber das ging nur eine Woche lang gut. Danach war ich wieder bei der gleichen Menge Alkohol wie drei Monate zuvor, und es sollte noch mehr werden. Meine Frau hatte sich inzwischen einer Blaukreuz-Gruppe angeschlossen, die es in der Nähe unserer Heimatstadt gab.

Wofür lebst du?

Acht Jahre war ich verstrickt in Überforderung, Alkoholmissbrauch und erdrückende Schuld- und Schamgefühle. Da hatte ich mir an einem Sonntag viel Arbeit aus der Firma mit nach Hause genommen. Ich wollte erledigen, was in der Woche liegen geblieben war. Als ich all die Schriftstücke auf meinem Schreibtisch sah und versuchte, das Chaos zu ordnen, kam mir plötzlich die Frage: „Was machst du hier eigentlich? Wofür lebst du? Du lebst gar nicht mehr selbst, die Firma lebt dich, sie hat dich voll im Griff."

Dann kam auch noch der Gedanke an Gott. Vor Jahren hatte ich ein Ja zu Gott gesagt, hatte ihm versprochen, mit ihm zu leben und ihm zu gehorchen. Nun nahm die Arbeit mich so in Anspruch, dass ich überhaupt keine Zeit mehr für Gott hatte.

Endlich befreit

Ich wusste mit einem Mal sehr klar, was Gott von mir wollte: Ich sollte mehr Zeit haben für ihn und für mich, für meine Frau und meine Kinder. Mir wurde klar, dass ich mich selbst maßlos überfordert hatte, und entschloss mich deshalb, die Firma abzugeben und aus der Firmenleitung auszusteigen. Vier Monate danach hat Gott mich auch von meiner Sucht nach Alkohol befreit. Seitdem gehe ich regelmäßig zur Blaukreuz-Gruppe.

Wie sehr ich meine Frau mit meinem Trinken belastet und verletzt habe, begriff ich erst viel später, nachdem ich in unserer Gruppe viele Lebensberichte von anderen Angehörigen alkoholkranker Menschen gehört hatte. In meiner „nassen Zeit" hatte ich nicht verstanden, warum meine Frau in die Selbsthilfegruppen gegangen war. Es hatte mich bisweilen sogar geärgert, weil ich mich dadurch an mein Versagen erinnert fühlte. Außerdem hatte es nach meiner Vorstellung nichts genützt, denn ich hatte ja trotzdem weiter getrunken. Nun begriff ich, dass meine Frau das für sich getan hatte. Sie hatte Hilfe gesucht, weil sie durch mein Trinken in ihrem Selbstwertgefühl krank geworden war und die häuslichen Spannungen nicht mehr ertragen konnte.

Noch heute brauchen wir beide die Gruppe, weil wir da immer wieder mit anderen ins Gespräch kommen und erleben, dass wir uns gegenseitig dabei unterstützen können, in zufriedener Abstinenz zu leben. In der Gruppe habe ich gelernt, mich mit meinen Gefühlen und meinen Fehlern ehrlich auseinander zu setzen. Früher habe ich an meinem Christsein und an meinem Selbstwert gezweifelt, weil ich zu hohe Erwartungen an mich hatte. Heute weiß ich, dass Gott mich so akzeptiert wie ich bin, und deshalb kann ich das jetzt auch. All das hilft meiner Frau und mir, auch in unserer Ehe mehr Offenheit zu wagen.

Wir sind als Ehepaar und als Familie durch eine schwere Krise gegangen. Ich bin froh, dass wir sie überstanden haben, und ich bin Gott dankbar, dass diese dunklen Jahre auch etwas Positives gebracht haben. Gott hat meine Bitten erhört. Er hat mich nicht nur vom Alkohol frei gemacht, sondern uns auch in ein reicheres Leben geführt.

Ich habe wieder Frieden gefunden in Gott.

„Es fing schon ganz früh an"
Sucht hat immer eine Geschichte

Sucht hat immer eine Geschichte – und bei vielen Suchtkranken hat diese Geschichte in ihrer Kindheit begonnen. Denn die Prägung durch die Herkunftsfamilie ist von entscheidender Bedeutung für die künftige Entwicklung eines Menschen.

So können zum Beispiel der Verlust der Eltern, häufiger Wechsel von Pflegefamilien und Heimaufenthalte zu Weichenstellungen für eine problematische Entwicklung werden.

Obwohl jeder Suchtkranke eigene Erfahrungen hinter sich hat, gibt es doch viele Parallelen und Ähnlichkeiten in ihren Lebensgeschichten, zum Beispiel mangelnde Geborgenheit, zu wenig Liebe und Sicherheit, aber auch Maßlosigkeit, fehlende Grenzen und zu hoher elterlicher Erwartungsdruck.

Ernst hat schon als kleiner Junge heimlich Schlucke aus dem Apfelmostkrug seines Vaters getrunken und danach erlebt, wie ihn ein wohltuendes, erhebendes Gefühl durchströmte.

Herbert brauchte einen Tröster, als seine Mutter gestorben war.

Ein Gedicht von **Bodo Rulf** regt zum Nachdenken an – und zum Nachfühlen.

Ernst Rienecker
Ein unheimlicher Sog

Schon als kleiner Junge hatte Ernst heimlich kleine Schlucke aus dem Apfelmostkrug seines Vaters getrunken und danach erlebt, wie ihn ein wohltuendes, erhebendes Gefühl durchströmte. Doch bei den kleinen Schlucken blieb es nicht. Und auch nicht beim Apfelmost. Als jungverheirateter Mann geriet er immer tiefer in einen unheimlichen, unwiderstehlichen Sog.

Immer mehr nahm der Alkohol Besitz von meinem Leben. Den Meinen zu Hause ging's dabei natürlich nicht so gut. Trotzdem brachte ich es fertig, nach außen hin immer noch ein gutes Bild abzugeben.

Ich wurde im Sportverein aktiv. Weniger auf dem grünen Rasen, als im Innenbereich. Da mussten Theaterabende und Geselligkeiten organisiert werden. Außerdem gab es reichlich Gelegenheit, Siege oder Niederlagen unserer Mannschaft zu begießen. Noch war ich beliebt und ein gern gehörter Unterhalter. Ich hatte ja meinen „Anschieber" – meinen Freund Alkohol. Ohne ihn wäre es mir unmöglich gewesen, öffentlich zu sprechen. Er löste meine inneren Spannungen und Hemmungen, überdeckte meine Minderwertigkeitsgefühle und meine Angst, mich zu blamieren.

Nur waren jedes Mal, wenn die Wirkung des Alkohols nachließ, die alten Probleme verstärkt wieder gegenwärtig. Und dann brauchte ich, um meine negativen Gefühle zu unterdrücken, eben wieder neuen Alkohol. Auf diese Weise machte sich mein „Freund" je länger je mehr unentbehrlich. Dabei musste ich jetzt größere Mengen trinken, um eine Wirkung zu spüren. Es war wie bei einem Medikament, das man über längere Zeit einnimmt. Man braucht immer mehr davon, damit es noch richtig wirkt. So war's bei mir mit dem Alkohol. Hatten mir früher ein, zwei Gläser genügt, um in Stimmung zu kommen und die gewünschte Entspannung und Erleichterung zu spüren, so musste ich jetzt immer mehr trinken, damit ich überhaupt eine Wirkung merkte. Und wenn ich einmal angefangen hatte zu trinken, dann trank ich oft tagelang weiter. Dabei hatte ich das unbestimmte, unterschwellige Gefühl: „Da stimmt was nicht mit dir."

Immer mühevoller wurde es für mich, nach so einer Trinkphase wieder nüchtern zu werden, mich meinem Alltag in Familie und Beruf wieder zu stellen. Schier unmenschliche Kraft war nötig, um wieder neu durchzustarten, einen neuen Anfang zu machen – und dabei doch über kurz oder lang wieder in der nächsten Trinkphase zu landen. Meist war es so, dass dann – ohne irgendeinen erkennbaren äußeren Anlass – in mir das Verlangen aufstieg: „Gleich in der Frühstückspause trinkst du ein Bier oder vielleicht auch zwei. Und dann hörst du auf." Und dann ging ich rein ins Lokal mit dem festen Vorsatz, nach zwanzig Minuten wieder am Arbeitsplatz zu sein. Aber ich blieb sitzen und trank ein Bier nach dem anderen. Da war eine Bremse in mir kaputt. Wenn ich einmal angefangen hatte, konnte ich nicht mehr aufhören, ich konnte mein Trinken nicht mehr kontrollieren. Ich musste immer weitertrinken.

Zu Anfang versuchte ich immer noch, gegen diesen unheimlichen Sog anzukämpfen. Da saß ich dann vor meinem Glas und sagte mir verzweifelt: „Gleich, wenn du das hier ausgetrunken hast, dann stehst du auf und gehst." Aber ich stand nicht auf. Und wenn, dann nur, um in die nächste Wirtschaft zu taumeln und dort weiterzutrinken. Da sind dann oft Tage drüber vergangen. Was als Erleichterungstrinken begonnen hatte, war zu einer schweren Last, zur Sucht geworden.

Es half alles nichts! Kein guter Vorsatz, keine schier unmenschliche Willensanstrengung. Die nüchternen Zeiten wurden immer kürzer, die Trinkphasen immer länger und immer schlimmer. Natürlich gab es dadurch Schwierigkeiten zu Hause und schließlich auch in der Firma. Mein Chef versuchte, mir ins Gewissen zu reden: „Nimm dich doch zusammen. Bist doch ein Mann! Komm doch zur Vernunft!"

Aber das war da schon nicht mehr möglich. Nach dem ersten Glas war in der Regel der Dammbruch da. Dann konnte ich mich nicht mehr zusammennehmen, nicht mehr vernünftig sein. Dann war ich tagelang unterwegs, immer wieder das Lokal wechselnd, umhergetrieben von einer triebhaften Unruhe.

Meine Frau saß zu Hause und machte sich Sorgen. Sie wusste nicht, wo ich steckte. Und irgendwann, wenn ich wieder aufwachte aus meinem Taumel, musste ich ja auch wieder heim. Und das war dann eigentlich die Hölle. Das schlechte Gewissen erdrückte mich fast. Wieder einmal hatte ich das wenige Geld mit fremden Menschen vertrunken. Mein Portmonee war leer, die Brieftasche weg, oft noch der Führerschein oder der Personalausweis verpfändet. Und dazu dann noch die Kopfschmerzen, die Katerstimmung.

Ich lebte gegen mein Wissen und Gewissen. Ich wusste, dass es nicht recht war, was ich machte, dass ich unverantwortlich handelte, auch gegenüber meiner Frau, meiner alten Mutter und unserem Kind, das wir damals schon hatten. Ich wusste auch, dass es gesundheitsschädlich war, so unmäßig zu trinken. Mein Gewissen klagte mich an. Ich kannte ja die Stellen aus der Bibel, wo steht, dass die Trunkenbolde nicht ins Reich Gottes kommen. Und dass es Sünde ist, wenn man weiß, wie man Gutes tun kann und es doch nicht tut. Diese beiden Worte waren mir von früher her noch fest im Gedächtnis. Ich war ja mal in Religion gut gewesen in der Schule. Und ich hatte ja eine gläubige Mutter. Nun klagten mich diese Bibelworte an. Aber ich konnte mein Leben doch nicht ändern. Ich war hilflos geworden, wehrlos gegenüber der Sucht, die mich beherrschte. Ich musste etwas tun, was ich gar nicht tun wollte, von dem ich wusste, dass es nicht recht war, dass Gott es nicht wollte. Ich musste weitertrinken, obwohl ich merkte, dass ich selber daran zugrunde ging und mit mir meine Familie.

Es war, als ob die Finsternis mich überschwemmte. Mehr und mehr verlor ich den Überblick. In der Firma wurde ich immer unzuverlässiger. Wie oft versprach ich einem Kunden: „Ja, ich komme. Morgen, um die und die Zeit, bin ich bei Ihnen." Und dann kam ich doch nicht, weil mir wieder der Alkohol dazwischengeraten war. Gewiss, was ich sagte und versprach, war immer ehrlich gemeint. Aber der Alkohol machte alle meine ehrlichen Absichten zunichte.

Immer mühsamer wurden meine Versuche, mich nach einer Trinktour wieder neu durchzuboxen. „Du kannst dir das nicht leisten", sagte ich mir oft. „Das darf nicht sein, du gräbst dir dein eigenes Grab!" Und dann raffte ich mich wieder auf zu einem neuen Versuch, meine guten Vorsätze auszuführen, wieder ein ordentliches Leben zu führen. Nur um über kurz oder lang von neuem zu scheitern.

Herbert B.
Ohne Mutter geht es nicht

Es ist dämmrig in der großen Küche. Auch draußen will es an diesem Novembertag nicht richtig hell werden. Ganz allein am Tisch mitten im Raum steht ein großer Junge. Vierzehn Jahre ist Herbert alt. Vor sich hat er einen Eimer voll Rotwein stehen. Immer wieder kippt er ihn ein wenig nach vorne und trinkt daraus in tiefen, hastigen Zügen. Längst hat er einen benommenen Kopf von dem Alkohol. Aber er trinkt immer weiter. Manchmal wimmert er leise vor sich hin: „Mama, Mama." Dann wischt er sich mit einer fahrigen Bewegung die Tränen aus den Augen und setzt den Eimer wieder an.

Seine Mutter ist tot. Ganz plötzlich verstorben an einer Gehirnhautentzündung. Heute soll die Beerdigung sein. Diesen Schmerz kann er nicht aushalten.

Zwei Wochen zuvor war seine Welt noch in Ordnung. Für alle in seiner Familie, zu der auch noch sein Vater, eine jüngere Schwester und der Opa gehörten, war die Mutter der Inbegriff von tiefer Geborgenheit gewesen. Immer hatte sie Herbert gezeigt, dass er geliebt und angenommen war. Wenn es irgendwo Unstimmigkeiten gab oder er in Schwierigkeiten war, hatte sie ihm geholfen und ihn verteidigt. Und jetzt war sie tot. Obwohl Herbert mit seinen vierzehn Jahren schon eine Lehre als Industriekaufmann macht, fühlte er sich von seiner Mutter doch noch sehr abhängig. Zu seinem Vater hat er keine tiefe Beziehung, und der ist jetzt auch gar nicht da. Er ist bei seinen Eltern, um sich Trost zu holen.

Herbert kann kaum noch klar denken. Unaufhörlich kreisen seine Gedanken: Wie soll es weitergehen ohne seine Mutter? Wer wird kochen, wer die Wäsche richten, wer für Wärme und Gemütlichkeit sorgen im Haus? Wer wird ihm helfen in den Schwierigkeiten des Lebens? Mit wem soll er sprechen über seine Sorgen? Es geht doch gar nicht ohne seine Mutter!

Heute, am Beerdigungstag, braucht Herbert nicht zur Arbeit zu gehen. Ohne diese äußere Ablenkung kann er seinen Schmerz nicht mehr aushalten. Da erinnert er sich an den Rotwein im Keller. Sein Opa sorgt dafür, dass ihre Fässer nie leer werden. Der Rotwein kann ihm jetzt helfen, denkt Herbert. Der macht so schön benommen, das kennt er schon. Bereits als kleiner Junge hat er hin und wieder vom Wein oder vom Most gekostet. Und so geht er in den Keller, stellt einen Eimer unter das Fass und füllt ihn bis oben hin. Dann stellt er ihn auf den Küchentisch und fängt an zu trinken. Langsam steigt ihm die ungewohnte Menge Alkohol zu Kopf. Es ist, als ob sich ein wohl tuender Nebel zwischen ihn und seinen furchtbaren Schmerz legt. Und so trinkt er und trinkt. Wenn ihm übel wird, legt er eine Pause ein und döst vor Erschöpfung ein. Das tut gut. Aber irgendwann wird er wieder wach, und dann ist alles schlimmer als vorher. Also trinkt Herbert weiter, zehn Liter Rotwein insgesamt. Ein Wunder, dass ihn die Menge Alkohol nicht umbringt.

Am Nachmittag, eine Stunde vor der Beerdigung, wird der Sarg mit der toten Mutter ins Haus gebracht. Auf einmal sind viele Leute da, auch Herberts Kollegen und sein Chef sind gekommen. Und sogar sein Vater ist jetzt irgendwo in der Menge. Herbert ist so betrunken, dass er kaum stehen kann. Aber das scheint niemanden zu irritieren. „Kann man doch verstehen", denkt mancher. „Was soll er auch machen?" Zwei Arbeitskollegen greifen ihm unter die Achseln und stützen ihn auf dem Weg zum Friedhof und nachher wieder zurück. Von der ganzen Beerdigung bekommt Herbert fast nichts mit.

Sein Vater zieht nun ganz zu seinen Eltern zurück. Herbert und seine kleine Schwester bleiben mit ihrem Opa zurück in dem auf einmal so leeren Haus. Der Opa versucht so gut er kann, für die Kinder zu sorgen. Herbert macht ihm Sorgen. Er scheint überhaupt nicht wieder aufzutauchen aus seinem Kummer. Und so versucht der Opa, einen rechten Mann aus ihm zu machen. Er arbeitet als Werkmeister im selben Betrieb, in dem Herbert seine Lehre als Industriekaufmann macht. Wenn Feierabend ist, geht er mit ihm ins Gasthaus gegenüber der Firma, und dann machen sie zusammen erst einmal Brotzeit. Herbert bekommt ein Bier, manchmal auch zwei oder drei vor die Nase gestellt. Zwei oder drei Busse lassen sie wegfahren und machen sich erst dann auf den Heimweg. Dies Zusammensein mit seinem Opa gefällt Herbert. Er braucht ja auch jemanden, der sich um ihn kümmert. Sein Vater ist nach dem Tod der Mutter für Herbert nur noch eine Enttäuschung. Aber auf den Opa kann er sich verlassen. Der zeigt ihm, wie das ist, ein richtiger Mann zu sein. Dass für Herbert dabei das tägliche Quantum Alkohol immer unentbehrlicher wird, scheint niemand zu merken.

Anderthalb Jahre sind vergangen, seit Herberts Mutter gestorben ist. Früher war sie seine Helferin in allen Lebenslagen gewesen. Nun ist das der Alkohol. Ohne ihn geht nichts mehr. Wenn er keinen Alkohol hat, fangen seine Hände an zu zittern und der kalte Schweiß bricht ihm aus. In der Berufsschule, in die er einmal in der Woche geht, fühlt er sich immer besonders unter Druck. Da braucht er seinen Mutmacher Alkohol. Ohne ihn kann er die vielen Jungen und Mädchen, die ein richtiges Zuhause haben und Eltern, die sich um sie kümmern, einfach nicht ertragen. Zu Anfang trinkt er nur Bier. Aber bald merkt er, dass er gar nicht genug Bier in die Schule mitschleppen kann, um überhaupt eine Wirkung zu spüren. Da steigt er auf Cognac um. Von seinem Lehrlingsgeld könnte er sich den nicht leisten. Aber Opa hat ja Geld genug. „Nimm dir nur, was du brauchst", sagt der immer. Und so hat Herbert in den Schulpausen jetzt immer seine Flasche dabei.

Auch an seiner Arbeitsstelle kommt Herbert inzwischen nicht mehr ohne Alkohol zurecht. Schon bevor er morgens aus dem Haus geht, trinkt er schnell etwas. Im Büro angekommen, genehmigt er sich auf der Toilette das nächste Bier. Wenn ihn zwischendurch das Bedürfnis packt nachzufüllen und er nichts Alkoholisches mehr dabei hat, geht er in die Gaststätte gegenüber und kippt dort rasch ein oder zwei Gläser. Das dauert nicht länger, als wenn er eben mal austreten ginge, und deshalb fällt auch lange Zeit niemandem etwas auf. Aber manchmal spricht ihn doch jemand von seinen älteren Kollegen an. „Junge, du stinkst nach Bier. Hast du was getrunken?"

„Bier?", tut Herbert dann erstaunt. „Ich doch nicht. Darf ich doch hier gar nicht. Das trinke ich erst nach Feierabend. Mit meinem Opa."

„Dass du das nicht darfst, das wissen wir selber. Aber du tust es. Das merken wir doch. Und jetzt trinkst du sogar schon morgens in der Frühe. Das geht so nicht weiter mit dir, Junge. Wo gibt's denn so was, dass hier schon die Stifte anfangen zu trinken!"

Doch Herbert ist um eine Ausrede nicht verlegen. „Wer will mir das denn nachweisen, dass ich trinke? Ich tu doch meine Arbeit und alles. Da kann mir keiner einen Vorwurf machen."

„Du merkst es vielleicht nicht, aber wir merken das schon, dass da nicht mehr alles richtig hinhaut", warnt man ihn.

Wenn Herbert so bedrängt wird, versucht er, nicht mehr so viel zu trinken. Aber das gelingt ihm nur wenige Tage. Bald langt er wieder bei seinem alten Quantum an.

Eines Tages kommt Herbert so betrunken aus der Berufsschule in die Firma, dass es dem Prokuristen zu bunt wird. Er holt ihn zu sich ins Büro und staucht ihn zusammen.

„Junge, was ist bloß mit dir los? Du bist ja so betrunken, dass du nicht mehr gerade stehen kannst. Und das ist nicht das erste Mal. Es ist mir schon öfter aufgefallen."

Herbert schluckt. Dem Prokuristen gegenüber kann er sich nicht so forsch herausreden wie bei seinen Kollegen. Aber versuchen will er es wenigstens. „Ich bin gar nicht betrunken", sagt er.

„Willst du mich auch noch für dumm verkaufen?", fragt der Prokurist erbost. „Das sieht man doch auf den ersten Blick, was mit dir los ist. Und deine Fahne stinkt zum Himmel! Wie stellst du dir das eigentlich vor, wie das hier weitergehen soll?"

Darauf kann Herbert nichts erwidern. Er hat jetzt nur noch Angst. Das darf nicht rauskommen, wie viel er wirklich trinkt. Und so versucht er noch einmal, sich zu verteidigen: „Ich tu doch meine Arbeit."

„Ach ja?", fährt der Prokurist auf. „Erzähl mir doch nicht, dass du mit dem besoffenen Kopf noch arbeiten kannst! Wenn du so weitermachst, dann kriegst du nicht mal deine Lehre zu Ende. Das kann ich dir schon jetzt versprechen."

Nun hat es Herbert endgültig die Sprache verschlagen. Am liebsten würde er jetzt einfach rauslaufen und sich irgendwo verstecken. Schweigend starrt er auf seine Schuhspitzen.

„Hast du dir eigentlich mal überlegt, was dabei herauskommen soll bei dieser Sauferei?", fährt der Prokurist jetzt fort. „Meinst du wirklich, jemand wie dich würden wir nach der Lehre übernehmen? Wer säuft, den können wir hier nicht gebrauchen! Merk dir das!"

Der Prokurist ist selbst ratlos. Was soll er mit diesem Jungen anfangen? Er ist so ein gescheiter Kopf – wenn er nüchtern ist.

„Junge, du bist doch noch so jung", sagt er jetzt in versöhnlicherem Ton. „Willst du dir denn dein ganzes Leben verbauen? Das mit dem Trinken, das kommt doch auch in die Zeugnisse, das weißt du doch! Dann stellt dich kein Mensch mehr ein."

Herbert hört gar nicht mehr richtig zu. Er will jetzt nur noch eins: weg hier! Endlich lässt der Prokurist ihn gehen. Herbert schnappt sich seine Tasche und flieht in die Gastwirtschaft gegenüber. Dort wartet er auf seinen Opa. Das ist der Einzige, der ihm jetzt noch helfen kann. Sein Opa steht zu ihm, das weiß er. „Du bist der Beste hier", hat Opa ihm schon oft gesagt. „Du wirst noch eines Tages die Firma übernehmen."

Herbert hat sich in ihm nicht getäuscht. Sein Opa wird richtig wütend, als er erfährt, was vorgefallen ist. Und er macht am nächsten Morgen in der Firma Rabatz. Er ist schon seit Jahrzehnten als Werkmeister dort angestellt, und man kann einfach nicht auf ihn verzichten. Er verlangt, dass Herbert in Ruhe gelassen wird. So geschieht es dann auch.

In Zukunft achtet Herbert noch mehr darauf, dass er mit seinem Trinken nicht auffällt. Aber längst ist ihm klar, dass er nicht mehr so trinkt wie andere Menschen, dass er den Alkohol braucht. Er wird nervös, wenn er keinen Alkohol in der Nähe hat, denn wenn er nicht rechtzeitig trinken kann, kommt wieder dieses schreckliche Zittern über ihn. Um das abzustellen, muss er weitertrinken.   *Sabine Werther*

Bodo Rulf

Spuren

Die Spuren
unserer Vergangenheit
sind nicht verloren
wir tragen sie
in uns
eingeprägt
in das Wachs unserer Seele.

Vergessenes
ist wirksam
auch ohne unser Wissen
so wie ein Bach fließt
und du weißt nicht
wo seine Quelle ist.

Manchmal
müssen wir zurück
zu den Quellen
unserer Leiden
zu den Wurzeln
unseres Lebens –
uns erinnern
an die Menschen
die uns formten
prägten
nach ihren Vorstellungen.

„Endlich frei!"
Ausstieg aus der Sucht

„Das schaffe ich nie!", höre ich oft von Betroffenen, wenn sie noch tief in der Sucht verstrickt sind. Sie können es sich einfach nicht vorstellen, wie der Weg aus dieser Sackgasse heraus aussehen kann.

Für manche ist dann das Beispiel eines „Ehemaligen" in der Blaukreuz-Gruppe ermutigend, für andere das seelsorgliche Gespräch. Wieder andere vertrauen sich der therapeutischen Führung in einer Suchtberatungs- und Behandlungsstelle oder Suchtfachklinik an. Wenn sie den entscheidenden Schritt in die Freiheit geschafft haben, ist allen gemeinsam ein tief greifendes Gefühl der inneren Befreiung von einer Fessel, die zuvor alle ihre Lebensbereiche eingeengt und abgeschnürt hatte.

So erging es auch **Christina, Eckart** und **Siegfried**. Wie viele andere vor ihnen sehnten sie sich nach Hilfe – und scheuten sich doch gleichzeitig davor. Bis sie am Ende nicht mehr konnten, bis sie sich selbst gehasst und vor sich selbst geekelt haben.

Christina K. (54), Buchhalterin
„Andere trinken doch auch!"

Christina räumt ihren Schreibtisch auf, spitzt Bleistifte an, hängt die Ordner weg. Sie schließt das Büro ab. Wieder ist sie die Letzte. Macht nichts. Daheim wartet keiner. Sie läuft den langen Gang entlang, vorbei an den verschlossenen Bürotüren. Dieser Gang macht ihr immer etwas Angst. Sie weiß nicht, warum.

Unterwegs kauft sie ein wenig zum Abendbrot ein, ein halbes Brot, etwas Aufschnitt. Und drei Flaschen Sekt. Sie kann es sich leisten. Andere sitzen abends zu zweit bei Kerzenschein, hören Musik und trinken doch auch. Es gibt keinen Grund, auf ein Glas Sekt zu verzichten, nur weil sie allein lebt.

Christina will es sich heute Abend richtig gemütlich machen. Sie zündet die schmalen Kerzen in dem Messingleuchter an, schaut in das flackernde Licht, träumt. Nach dem zweiten Glas Sekt spürt sie wohlige Wärme in sich aufsteigen und fühlt sich schon viel entspannter. Als es an der Wohnungstür klingelt, lässt sie mit wenigen raschen Bewegungen die Sektflasche verschwinden, tauscht sie blitzschnell mit Selters aus der Küche, öffnet dann.

Die Nachbarin ist es. Ob sie ihr einen Zwanziger wechseln könne, sie wolle sich noch am Automaten Zigaretten holen. „Natürlich, bitte, kommen Sie einen Augenblick herein!" Später holt Christina den Sekt wieder hervor. Warum eigentlich die Heimlichtuerei? Sie weiß es selber nicht. Andere trinken doch auch! Christina schenkt nach. Bald ist die Flasche leer. Zeit, ins Bett zu gehen. Die schläfrig machende Wirkung des Sekts bleibt diesmal aus.

Lange liegt Christina noch wach. Am folgenden Morgen fühlt sie sich elend. Diese Gleichgewichtsstörungen. So kann sie auf gar keinen Fall arbeiten. Christina ruft in der Firma an: „Ja, das alte Leiden, der Kreislauf, wahrscheinlich das Wetter, Schwindelgefühl. Ja, ich gehe noch heute zum Arzt. Ich melde mich danach."

Das Wartezimmer ist fast leer. Auf dem Tisch liegen Zeitungen und Broschüren. Das Foto auf einem Faltblatt lenkt ihre Aufmerksamkeit auf sich. Es zeigt einen weiten gepflasterten Platz und rechts oben in der Ecke einen Menschen, der auf seinen Schatten zurückblickt. „Du kannst nicht über deinen Schatten springen", geht es Christina durch den Kopf. Sie greift nach dem Faltblatt, um sich ein wenig abzulenken. Aber als sie liest, um was es da geht, erstarrt ihr Blick. Es ist ein „Fragebogen für Alkoholkranke". Hat der Arzt das für sie …? Ist das Absicht? Wie kommt der überhaupt darauf! Eine bodenlose Gemeinheit!

Die nächste Patientin wird aufgerufen. Christina spürt, dass ihr die Handflächen feucht werden. Auch unter den Achseln schwitzt sie plötzlich stark und am Rücken. Sie muss hier raus, hier bekommt sie ja kaum noch Luft. Hastig springt Christina auf. Sie greift das Blatt. Nicht, dass ein anderer mitbekommt, was da vor ihrem Platz gelegen hat. Sie steckt es in die Handtasche und verlässt die Arztpraxis, als sei sie auf der Flucht.

„Mich betrifft das eigentlich gar nicht, jedenfalls nicht richtig", versucht Christina sich zu Hause zu beruhigen. „So schlimm ist das mit mir nicht. Da gibt es ganz andere. Ich kann jederzeit aufhören. Was rege ich mich auf?

Ich bin doch keine Säuferin." Sie sucht nach einem Stift. Das Blatt fordert sie auf, Zutreffendes anzukreuzen.

1. *Ist der Alkohol für Sie zur gern gebrauchten Medizin geworden?* Ja/Nein
2. *Trinken Sie, weil Ihnen der Alkohol Kraft und Mut gibt und ihre Leistungsfähigkeit verbessert?* Ja/Nein
3. *Trinken Sie, weil Ihnen der Alkohol eine befriedigende Erleichterung verschafft?* Ja/Nein
4. *Trinken Sie, um sicherer und selbstständiger zu werden?* Ja/Nein
5. *Fühlen Sie sich nach einigen Gläsern in der Gesellschaft anderer unbefangener und wohler?* Ja/Nein
6. *Können Sie unter Alkoholeinfluss in der Gemeinschaft besser aus sich herausgehen?* Ja/Nein
7. *Trinken Sie, weil Sie unangenehme Dinge vergessen wollen?* Ja/Nein

Insgesamt sind es achtzig solcher Fragen. Anfangs scheinen sie recht harmlos. Eberhard Rieth*, der diesen Fragebogen entwickelt hat, spricht von der voralkoholischen Phase, vom Erleichterungstrinken. Er holt weit aus. Aber von Frage zu Frage zieht sich das Netz enger zusammen:

22. *Verstecken Sie alkoholische Getränke, um ohne Wissen der anderen trinken zu können?* Ja/Nein
23. *Leiden Sie an Gedächtnislücken nach starkem Trinken?* Ja/Nein
27. *Kommt es vor, dass Sie sich mit Alkohol entspannen wollen und dann betrunken sind?* Ja/Nein
59. *Trinken Sie regelmäßig am Morgen?* Ja/Nein
65. *Sind bei Ihnen erhebliche Schlafstörungen aufgetreten?* Ja/Nein

Christina hat den Stift nicht benutzt. Wozu auch? Nein, ganz so schlimm ist es mit ihr noch nicht. Noch keine Trugwahrnehmungen. Sie ist doch keine Säuferin. Richtige Säufer, das sind die Penner im Stadtpark. Sie hat Arbeit, und die tut sie zuverlässig, seit zweiunddreißig Jahren. Alles ganz korrekt. Sie hat eine nett eingerichtete Wohnung. Sie hat noch nie in einer der Kneipen der Kleinstadt gesessen oder gar betrunken in der Gosse gelegen. Sie doch nicht. Mal ein Gläschen Sekt oder zwei, das ist doch nichts Schlimmes. Sie kann dann einfach besser schlafen. Und den Schlaf braucht sie doch.

---

* Eberhard Rieth, Fragebogen für Alkoholkranke, Blaukreuz-Verlage Bern und Wuppertal

Christina wehrt sich gegen den Gedanken, vom Alkohol abhängig zu sein. Und doch findet sie keine Ruhe mehr. Sie hat es ja längst gemerkt: Sie trinkt anders als andere. Sie trinkt heimlich. Sie sorgt für Reserven. Sie versteckt die Flaschen vor unliebsamen Augen. Sie braucht Sekt und Wein und auch hin und wieder ein Glas Wodka, um gegen die depressiven Stimmungen anzugehen. Sie hält das Alleinsein nicht anders aus. Sie hält den Stress nicht anders aus. Sie hält sich selber nicht anders aus. Sie kann nicht einschlafen ohne Schlaftrunk. Sie kann nicht in den Tag gehen ohne Muntermacher. Kontrollverlust? Süchtig? Mit diesen Wörtern kann sie nicht viel anfangen. Fest steht, wenn sie nicht aufpasst, geht es bergab mit ihr.

Doch geht es das nicht längst?

Also Schluss damit. Christina sucht alle Flaschen zusammen. Sie lässt den Korken knallen zur Feier des Tages, schenkt sich ein Glas ein, ein letztes, schluckt, schaut zu, wie der restliche Sekt in das Abwaschbecken fließt, nein, es ist nicht schade darum. Sie wird es sich beweisen, dass es auch so geht. Sie wird es diesem Eberhard Rieth beweisen. Schluss damit!

Einsamkeit, Schlaflosigkeit, Depressionen, Stress, Probleme – nichts davon lässt sich einfach wegkippen. Christina weiß das und sie hat Angst davor. Sie hat Angst, wieder zu trinken. Sie hat Angst, ohne Alkohol in der Angst zu ertrinken. Und dann diese furchtbare Unruhe.

Christina zwingt sich, nicht zu trinken. Sie nimmt Medikamente, die den gleichzeitigen Alkoholgenuss verbieten. Das soll ihr helfen, stark zu bleiben. Aber sie ist nicht stark. Sie fühlt sich schwach. Sie fühlt sich klein. Sie fühlt sich wertlos. Immer häufiger schluckt sie Tabletten, mal diese, mal jene, um sich zu beruhigen, um schlafen zu können, um arbeiten zu können. Und bald kann sie ohne diese Tabletten keine Nacht mehr schlafen, keinen Tag mehr arbeiten. Sie kann nicht mehr leben ohne die kleinen runden Lebenshilfen.

Was nützt es, zu heulen und die Dinger im Klo herunterzuspülen? Im nächsten Moment läuft sie ja doch wieder los, um sich in der Apotheke neue zu besorgen.

An solchen Tagen hasst sie sich. Diese Tage werden häufiger.

„Siehe, ich mache alles neu." Fünf Wörter. Christina liest sie auf dem Weg in die Firma im Schaukasten der Stadtkirche. Der Satz beschäftigt sie. Alles neu. Das wäre schön! Wenn das ginge! Christina bleibt stehen. „Jeder ist herzlich eingeladen", liest sie. „Für Menschen, die ihrem Leben einen neuen Sinn geben wollen."

Warum soll sie nicht einmal hingehen? Zeit hat sie genug. „Und das Vaterunser bekomme ich auch noch zusammen", denkt Christina, als sie abends die Kirche betritt. Ganz hinten sucht sie sich einen Platz. Sie fühlt sich etwas fremd unter den anderen. Trotzdem geht sie am nächsten Abend wieder hin. Sie bleibt auch zu den Gesprächsrunden hinterher, allerdings eher als stille Zuhörerin. Es kommt ihr vor, als hätte sie sich in einem Fadengewirr verstrickt. Einsamkeit, Alkohol, Tabletten. Die Fäden ziehen sich mehr und mehr zu.

Fünf Monate später. Seit zehn Wochen geht Christina regelmäßig zu einer Suchttherapeutin. Die hat sie bei einem der Vortragsabende kennen gelernt. Hinterher war sie einfach sitzen geblieben, auch noch, als alle anderen nach Hause gingen. Sie blieb. Sie wagte vorsichtig ein paar Fragen. Sie fasste Vertrauen. Nun geht sie regelmäßig zur Beratung, schon die zehnte Woche. Sie hat in der Zeit viel über sich selbst erfahren und über Suchtverhalten. Sie weiß jetzt, dass Alkoholismus eine unheilbare Suchtkrankheit ist und dass sie diese Sucht auf Tabletten verlagert hat – bis zum nächsten Rückfall. Sie erkennt: So kann nichts Neues gelingen. Was notwendig ist: Ihr Leben braucht einen neuen Inhalt.

Christina ist selbstsicherer geworden durch die Gespräche. Es tut ihr gut, dass einer zuhört und sie versteht, sie annimmt und konfrontiert. Ja, auch konfrontiert: Mit der Vergangenheit. Mit Schuld. Mit ihren Ängsten und Ausflüchten. Sie spürt, dass in ihrem Leben allmählich etwas neu wird. Sie ahnt, sie wird noch einen weiten Weg zu gehen haben. Gut, dass sie ihn nicht allein gehen muss. Neben ihr ist die Suchttherapeutin. Und sie geht den Weg gemeinsam mit einer Blaukreuz-Gruppe. In der Gemeinschaft ist es leichter, der Sucht zu widerstehen.

Es ist Donnerstag. Um neunzehn Uhr beginnt die Therapiestunde. Christina räumt ihren Schreibtisch auf. Sie schließt das Büro ab. Sie läuft beschwingt den langen Gang entlang. Die verschlossenen Türen jagen ihr keine Angst mehr ein.

Für sie hat sich eine Tür geöffnet.

Ingrid Ebert

Doris und Eckart
„Der letzte Versuch"

„Es hat doch keinen Zweck." Doris sagt es traurig auf die Frage der Richterin, ob sie es nicht noch einmal versuchen will. Nein, sie will nicht mehr. Sie schaut zu Eckart hinüber. Der sitzt mit hängenden Schultern da, stiert vor sich hin, ein Häufchen Unglück. „Versprochen hat er mir schon so viel. Nur, es ändert sich ja doch nichts." Ihre Stimme klingt resigniert: „Ich möchte ihm ja gerne glauben, aber …"

Doris' Gedanken wandern zurück. Schon einmal saßen die beiden Eheleute vor dem Scheidungsrichter. Auch damals hatte Eckart Besserung gelobt. Es sei vorbei mit der Sauferei. Sie könne ihm das ruhig glauben. Und dann hatte er versprochen, eine Entziehungskur zu machen. Sie hatte gedacht, dass damit alles gut wäre. Sie hatte die Klage zurückgezogen, auch der Kinder wegen. Die Monate ohne ihn waren eine Erholung für Doris und die Kinder. Es war wie ein großes Aufatmen für die drei.

Aber dann begann alles von vorn. Durchzechte Nächte. Fehltage. Sie hat zum Telefonhörer gegriffen und in der Firma angerufen. Sie dachte sich immer neue Entschuldigungen aus. In der Hinsicht war sie erfinderisch. Dabei hasste sie es, wenn Eckart betrunken nach Hause kam. Die verschmutzte Wäsche, der Gestank. Es ekelte sie. Und doch hatte sie nach außen immer Haltung bewahrt. Dass nur die Nachbarn nichts merkten. Dass nur die Verwandten nichts mitkriegten. Dass nur in der Firma alles in Ordnung ging. Dass nur die Kinder nichts in der Schule erzählten. Die Kinder. Hatten sie sich nicht mehr und mehr zurückgezogen? Und wohin sollte sie sich verkriechen? War das noch Ehe? Wer wollte sie zwingen, dieses Leben weiterzuleben? Hatte sie das nötig? Bis der Tod euch scheide.

„Der Schnaps hat uns längst geschieden", denkt Doris. In guten und in bösen Tagen. Wo waren noch gute Tage? Die Trennung musste sein, schon der Kinder wegen. Wenn nur endlich alles vorbei wäre, die Streitereien, die leeren Versprechungen, die Enttäuschungen, das Suchen nach Flaschen, das Kontrollieren, der ewige Streit.

Besinnungswoche? Doris schrickt aus ihren Gedanken auf. Hatte davon nicht neulich auch Eckarts Kollege gesprochen? Eine Kurzkur in einem evangelischen Ferienheim sollte das sein. Na ja, Wolfgang meinte es gut, er wusste ja nicht, was sie schon alles versucht hatte. „Die sollen eine gute Erfolgsquote haben ..." Doris blickt gedankenverloren zur Richterin. Was hat sie gesagt? „Kirchliche Besinnungswochen sollen eine gute Erfolgsquote haben. Dort haben Hilfesuchende die Möglichkeit, in einer Gemeinschaft erste Schritte auf dem Weg der Abstinenz zu gehen. Ein Versuch kann doch nicht schaden."

„Was denn noch?", denkt Doris. „Mit der Kirche haben wir nichts am Hut." Aber sie will sich nichts nachsagen lassen. An ihr soll es nicht liegen. Sie hat es ernst gemeint, als es hieß, in guten und in bösen Tagen. Sie ist eine treue Ehefrau. Ihre Treue ist teuer bezahlt. Doris sagt: „Gut. Es ist mein letzter Versuch. Ich kann nicht mehr, und ich will nicht mehr. Sie haben ja keine Ahnung, wie das ist, mit so einem zu leben. Es ist mein letzter Versuch, wenn der überhaupt will." Alle schauen zu Eckart. Der schaut auf den Fußboden und nickt einige Male recht heftig. Er will ja alles tun, was verlangt wird. Nur keine Scheidung.

Eckart fährt zur Besinnungswoche zusammen mit seinem Arbeitskollegen Wolfgang. Dass der auch alkoholkrank sein soll, verblüfft Eckart. „Du? Du trinkst doch nie etwas." – „Doch, ich trinke alles, nur eben keinen Alkohol. Davon habe ich früher so viel in mich hineingeschüttet, das reicht für den Rest meines Lebens." Dass Wolfgang früher gesoffen hat, ist Eckart neu. Neu ist ihm auch, dass Wolfgang überhaupt keinen Alkohol trinkt.

„Überhaupt keinen Alkohol? Seit wann?" – „Ich bin seit zehn Jahren trocken, besser gesagt, gerettet." – „Zehn Jahre lang nicht ein Bier? Nicht einen Doppelten?" Wolfgang lacht: „Nicht einmal eine Weinbrandbohne." Das findet Eckart nun aber doch reichlich übertrieben. Er kann sich das für sich auch nicht vorstellen. Selbst der Gedanke daran missfällt ihm. „Ein Bier zum Feierabend ist nicht verkehrt", sagt er. „Ich will nur nicht mehr ganz so viel, weißt du, ich kann dann immer nicht mehr damit aufhören."

Während Eckart fort ist, spannt Doris richtig aus. Endlich hat sie Zeit für die Kinder. Sie widerspricht auch nicht, als Lisa eines Tages feststellt: „Ohne Papa ist es viel schöner bei uns." Und Marc bestätigt: „Stimmt, es ist heller!"

Es ist heller. Ein seltsamer Ausdruck, den der Junge für seine Beobachtung gefunden hat. Aber es tut ihr gut, die Kinder so reden zu hören. Früher kam es oft vor, dass Lisa und Marc ihr die Schuld dafür gaben, wenn der Vater betrunken nach Hause kam. „Weil du immer meckerst mit ihm", hatten sie gesagt. „Weil du ihn nicht lieb hast."

Dabei hatte sie sich immer Mühe gegeben, hatte es im Guten versucht, wirklich. Sie war es, die die Familie zusammenhielt. Sie hat manche verfahrene Geschichte mit großem Geschick wieder in Ordnung gebracht. Sie hat alles in Gang gehalten. Auf ihn war ja kein Verlass. Und sie hatte es Eckart oft besonders schön machen wollen, obwohl er es gar nicht wert war. Sein Lieblingsessen hat sie ihm gekocht, hat sich zurechtgemacht für ihn. Und dann war er wieder stockbesoffen nach Hause gekommen. Das Essen hat er gar nicht angerührt, aber das Klo voll gekotzt. Wie sollte sie da nicht mit Wut reagieren? Wer würde da nicht ausflippen? So viel Geduld, das sollte ihr erst einmal einer vormachen.

Doris genießt die Stille im Haus. Was später sein wird, wenn Eckart wieder zurückkommt, daran will sie jetzt nicht denken.

Eines Tages steht Eckart in der Küche und sagt: „Du musst mir jetzt nicht glauben, Doris, aber es ist vorbei. Ich trinke nicht mehr." Natürlich glaubt sie es nicht. Viel zu oft hat sie diese Sätze schon gehört. Aber wenigstens ist er nicht gleich wieder mit einer Fahne gekommen.

Doris deckt den Abendbrottisch. Als alle vier in der Küche sitzen, faltet Eckart die Hände und betet. Das hat er in der Besinnungswoche gelernt. Mutter und Kinder schauen sich schweigend an. „Nun ist er auch noch fromm geworden", denkt Doris, „aber wenn es ihm hilft, soll er ruhig beten." Später sieht sie, wie er in einer Bibel liest. Wo er die überhaupt her hat?

So leicht verliert sich Misstrauen nicht. Wenn Eckart nachts aufsteht, denkt Doris: „Wo geht er hin? Hat er irgendwo doch eine Flasche versteckt?" Wenn Eckart zur Arbeit fährt, fragt sie sich: „Wird er am Kiosk an der Ecke anhalten?" Wenn er abends heimkommt, gibt sie ihm einen Begrüßungskuss, schnuppert unauffällig, wie sie meint. „Wie lange wird es anhalten?"

An das Beten bei Tisch hat sich die Familie gewöhnt, besser so als anders.

„Ich werde wieder zu einer Besinnungswoche fahren", sagt Eckart eines Tages und fragt Doris: „Willst du diesmal nicht mitkommen? Dann lernst du das alles einmal genauer kennen. Die Kinder könnten doch zu den Großeltern so lange, es sind ja Ferien." Doris will. Sie will endlich dahinter kommen, was das für eine Macht ist, die Eckart so verändert hat. Wenn sie ehrlich zu sich ist, dann spürt sie auch ein wenig Eifersucht gegenüber dieser

Macht. Hatte sie sich nicht all die Jahre reichlich um Eckart bemüht? Und das vergeblich? Warum war es ihr nicht gelungen, ihm zu helfen?

In der Besinnungswoche lernt Doris einiges über Co-Abhängigkeit. Es ist, als ob sie in einen Spiegel schaut. Sie entdeckt sich darin als die große Beschützerin. Hat ihr Beschützenwollen ihn wirklich mehr und mehr zum hilflosen Kind gemacht? War es verkehrt, Eckart immer wieder und überall zu entschuldigen? Den Schmutz zu beseitigen, den er gemacht hat, war das verkehrt? War es falsch, den ungedeckten Scheck zu decken, die offenen Rechnungen zu begleichen? War es falsch, die Verantwortung für ihn zu übernehmen?

Ja, es war falsch.

Ob sie ihn nun mütterlich beschützte, ob sie ihn argwöhnisch kontrollierte oder ihn mit Vorwürfen überschüttete, sie hat ihm damit nicht helfen können. Es war immer schlimmer geworden mit ihm, und auch mit ihrer Verzweiflung und schließlich mit der ermüdenden Resignation. Doris, die sich immer als das bemitleidenswerte Opfer in ihrer Ehe gesehen hat, erkennt: Täter und Opfer sind nicht so einfach zu beschreiben wie schwarz und weiß. Auch sie braucht Vergebung. Beide haben zu lernen. Nur dann können sie aus dem unheilvollen Beziehungschaos herauskommen und ihre Beziehung neu knüpfen.

Der Glaube an Gott, der sie beide liebt, und die Gemeinschaft mit anderen Christen kann ihnen eine feste Basis sein für ein Leben nach neuen Maßstäben.

Doris und Eckart lesen von nun an gemeinsam in der Bibel. Manchmal setzt sich eines der Kinder dazu. *Ingrid Ebert*

Siegfried
„Ich kann mich wieder akzeptieren"
Meine Bestandsaufnahme

Bei meiner Aufnahme ins Curt-von-Knobelsdorff-Haus hielt ich kaum etwas von mir. Mir fehlten Selbstwertgefühl und Selbstbewusstsein. Als vierundvierzigjähriger Ehemann und Vater von zwei Kindern hatte ich mich selbst noch nicht von meiner eigenen Mutter innerlich gelöst, hatte noch keine eigene Persönlichkeit gebildet.

Bei mir dominierte die Angst vor Konflikten, jeder Konfrontation ging ich aus dem Weg, alles fraß ich in mich hinein (und spülte mit Alkohol nach), ich war unfähig, meine tatsächlichen Gefühle nach außen hin offen zu zeigen.

Nach sechzehn Wochen schmerzhafter Therapie ...

... ist aus mir ein selbstständiger Mensch geworden, mit weniger Ängsten und dafür mehr Vertrauen zu mir selbst. Ich kann mich wieder selbst akzeptieren, ohne mich vorher mit anderen vergleichen zu müssen. Mein Tun ist genauso viel wert, wie das anderer. Ich verhalte mich so, wie ich das für mich für richtig halte und nicht wie andere es von mir erwarten und gewohnt sind. Ich habe gelernt, auch meine positiven Seiten zu sehen, mich so zu mögen, wie ich bin. Ich kann jetzt meine Gefühle zeigen, ohne Scham vor mir und meinen Mitmenschen.

Auch meiner Frau gegenüber kann ich mich jetzt gefühlsmäßig öffnen und schäme mich auch nicht mehr meiner Tränen vor ihr. Ich lebe im christlichen Glauben und bringe dies auch zum Ausdruck.

Das Eheseminar ...

... empfand ich als sehr intensiv und anstrengend. Noch nie in meinem Leben habe ich so tiefe und ehrliche Gefühle empfunden wie in dieser Woche. Es trug in hohem Maße zum Erfolg meiner Therapie bei. Mir war, als hätte ich erst hier in diesem Seminar das Gefühl der Liebe zu meiner Frau entdeckt, so ganz anders und freier, ohne Angst vor mir selbst, alles war so wunderbar und neu für mich wie nie zuvor – und das nach fast zwanzig gemeinsamen Jahren!

Bei den anschließenden zwei Familienheimfahrten waren mir die persönlichen Gespräche mit meiner Frau am wichtigsten. In dieser Form und Offenheit hat es solche Gespräche noch nicht gegeben. Wir hatten früher um die wirklich wichtigen Dinge herumgeredet, jeder von uns hatte seine Probleme für sich behalten. Wir hatten nebeneinanderher gelebt.

Diese Zeit hat sich tief in mir eingebrannt!

Die Zeit der Therapie hat mir den Weg in ein neues Leben ohne Alkohol und Lebensangst gezeigt. Eine besondere Hilfe war für mich das Gefühl der Geborgenheit, das mir die Mitarbeiter, das Haus und auch meine Mitpatienten vermittelten. Ich hatte nie das Gefühl der Anonymität oder Isoliertheit. Mir wurde klar, wie oberflächlich mein Leben bis dahin verlaufen war. Nie zuvor hatte ich meine Gefühle so tief empfunden.

Ein lebendiges Dokument meiner Therapiezeit sind meine hundertzwölf Tagesprotokolle, in denen ich mir Rechenschaft gab über mein tägliches Erleben. Ich habe den Zugang zu mir selbst gefunden und gelernt, mich selbst zu mögen. Ich verspüre eine innere Zufriedenheit, wie ich sie bisher nicht kannte. Diese Zeit hier hat sich tief in mir eingebrannt und wird mein zukünftiges Leben sehr stark prägen. Darüber freue ich mich.

Anregungen für das Gruppengespräch:
Impulsfragen:
- *Welche Voraussetzungen sind nötig, um aus der Sucht herauszukommen?*
- *Welche Schritte führten bei den genannten Lebensbeispielen zum Weg aus der Sucht?*
- *Für Betroffene: Wie sah mein persönlicher Ausstieg aus? Oder:*
  Was müsste ich konkret tun, um auszusteigen?
- *Für Angehörige: Was konnte bzw. kann ich tun, um den Ausstieg meines betroffenen Angehörigen zu fördern?*
- *Für Betroffene und Angehörige: Was bedeutet für mich innere und äußere „Freiheit"? Was gehört dazu?*
  Was blockiert mich innerlich und was kann ich dagegen unternhemen?

Ein weiterer Text zu diesem Kapitel:
Ingrid Westmeier: Der erste Tag in einem neuen Leben, Seite 12

„Ohne mich gehst du unter!"
Co-Abhängigkeit – die Sucht, gebraucht zu werden

„Mein Mann muss sich ändern, nicht ich – ich habe doch nicht getrunken! Ohne meine Hilfe wäre er längst untergegangen – und unsere Familie dazu!" Sehr überzeugt von sich und ihrem Verhalten trägt mir die Ehefrau des alkoholabhängigen Mannes ihre Sicht der Dinge vor.

Dass sie die Schwäche ihres Partners gebraucht hat, dass sie ihn unterstützt, ihm geholfen und ihm alle Verantwortung abgenommen hat, um sich selbst stark und wichtig fühlen zu können, will ihr nicht einleuchten. Wie für die meisten Angehörigen von Suchtkranken fällt es ihr schwer, ihre Verflechtung in den Prozess der Abhängigkeitsentwicklung zu erkennen und sich einzugestehen.

Enge Bezugspersonen sind schon früh an diesem Prozess beteiligt. Um sich selbst zu entlasten, helfen die Ehefrau, der Freund, der Kollege, „Pannen" zu verdecken oder „Ausrutscher" zu entschuldigen. Um Konflikte zu vermeiden, übernehmen sie Verantwortung für denjenigen, der durch den Suchtmittelmissbrauch seine Probleme nicht selbst aktiv bewältigt. So geraten die Angehörigen in eine so genannte Krankheits- und Schicksalsgemeinschaft, die den Suchtprozess unterstützt und verlängert.

Um aus dieser Verstrickung herauszufinden, brauchen auch sie fachliche und therapeutische Hilfe. Sich aus der „Sucht, gebraucht zu werden" heraus zu lösen, kann ein langwieriger und schmerzhafter Prozess sein.

Christine und ihr Mann haben viele Jahre erfolglos gegen die Alkoholsucht ihres fast vierzigjährigen Sohnes Michael gekämpft. Was sollen sie noch alles unternehmen, um ihn vom Trinken wegzubringen?

Eva macht eines Abends, als ihr Mann wieder einmal betrunken nach Hause kommt und alles im Chaos versinkt, eine entscheidende Entdeckung.

Erika bringt ihre Situation nach fünfundzwanzig Ehejahren mit einem alkoholkranken Mann auf den Punkt: „Es ist ein Teufelsrad, ein Irrgarten der Gefühle."

Christine
„Dann kann ich ja jetzt trinken so viel ich will"

Mit viel Mühe und Überredungskunst hatte Christine es erreicht, dass ihr erwachsener alkoholkranker Sohn Michael endlich eine Entziehungsbehandlung in einer Klinik machte. Aber ihre Freude darüber hielt nicht lange an, denn gleich nach seiner Therapie war ihr Sohn wieder rückfällig geworden. Ihre Freundin Renate hatte ihr den Vorschlag gemacht, einmal etwas Neues zu wagen, sich nämlich nicht einzuschalten, wenn Michael durch seinen Alkoholmissbrauch wieder einmal in Schwierigkeiten geriet.

Es war eine Situation, wie sie sie schon hundertmal erlebt hatte. Michael kam nach der Arbeit nicht nach Hause. Zuerst wartete Christine noch auf ihn – immer wieder hin und hergerissen zwischen Hoffnung und Angst. Aber als drei Stunden vergangen waren, wusste sie, dass er wieder irgendwo hängen geblieben war.

Sie hatte schon den Telefonhörer in der Hand, um – wie bisher immer in solchen Fällen – herumzutelefonieren, um Michael ausfindig zu machen und ihn dann mit ihrem Mann zusammen irgendwo abzuholen. Da fiel ihr ein, wie sie selbst erst vor wenigen Tagen Renate gegenüber eingestanden hatte: „Es hilft Michael nichts, wenn ich ihm helfe." Zögernd legte sie den Hörer wieder auf. Ob sie wirklich einmal die Dinge laufen lassen sollte, wie sie eben liefen?

Ihr Mann kam in die Küche und sah sie beim Telefon. „Na, hast du ihn schon gefunden?", fragte er.

„Nein", sagte Christine. Sie stockte. „Ich will mal gar nichts unternehmen", fuhr sie dann fort. Sie hatte ihrem Mann über ihr Gespräch mit Renate berichtet. „Er soll mal selbst sehen, wie er nach Hause kommt."

Ihr Mann nickte. „Ich habe dir ja schon längst gesagt, du sollst nicht immer so hinter ihm her rennen", sagte er. „Er ist schließlich erwachsen genug."

Christine ärgerte sich über diese Bemerkung. Das wusste sie selbst, dass Michael erwachsen war. Siebenunddreißig war er nun schon. Aber deshalb benahm er sich doch manchmal immer noch wie ein kleines Kind. Jedenfalls was den Alkohol anbetraf. Da musste schon jemand auf ihn aufpassen.

Aber nein, fiel ihr da wieder ein, das eben wollte sie ja nicht mehr tun. Jedenfalls wollte sie es versuchen. Und so setzte sie sich mit ihrem Mann allein an den Abendbrottisch. Aber bei jedem Bissen, den sie sich in den Mund schob, hatte sie ein schlechtes Gewissen. Michael würde heute Abend wahrscheinlich nirgends etwas essen, sondern sich nur an seine „flüssige Nahrung" halten.

Im Laufe des Abends nahm Christines Unruhe immer mehr zu. Immer wieder gingen ihre Gedanken zu ihrem Sohn. In welcher Kneipe sitzt er jetzt wohl?, fragte sie sich. Bittere Gedanken kamen in ihr hoch, wenn sie an die Gastwirte dachte, denen es egal war, wie betrunken ihre Gäste waren. Hauptsache, sie verdienten am Schnaps. Dass diese Wirte nicht mehr Verantwortung zeigten, das konnte sie nicht verstehen.

Aber dann erinnerte sie sich wieder an etwas, das Renate ihr öfter gesagt hatte: „Michael ist erwachsen, und deshalb ist er selbst verantwortlich für das, was er tut." Und es stimmte ja, wenn er in der Kneipe keinen Schnaps bekäme, dann eben anderswo. Solange er trinken wollte, konnte niemand ihn davon abhalten.

Aber war es deshalb wirklich richtig, was sie jetzt tat? Dass sie sich nicht um ihn kümmerte? Dass sie ihn einfach im Stich ließ? Wenn er nun irgendwo bewusstlos lag und vielleicht sogar verletzt war? Es war inzwischen schon elf Uhr nachts. Sollten sie und ihr Mann nicht doch besser losfahren und ihren Sohn suchen?

„Solange Michael nicht am eigenen Leibe spürt, was es für Folgen hat, wenn er sich betrinkt, wird er wohl kaum Lust haben, auf seinen geliebten Alkohol zu verzichten." So ähnlich hatte Renate das gesagt, erinnerte sich Christine. „Wenn ihr immer wieder für ihn einsteht, bleibt es so, dass nicht er, sondern ihr am meisten unter seiner Sucht zu leiden habt."

Wenn Christine an diesen Punkt dachte, kam der Zorn wieder in ihr hoch. Wie oft war es schon so gewesen, dass Michael überhaupt nichts mitgekriegt hatte von der Angst und dem Kummer und der Beschämung, die sie ausstehen musste, weil er betrunken war! Nein, das wollte sie nicht mehr mitmachen! Sollte er ruhig selbst mal mitkriegen, was das für Folgen hatte, wenn er trank!

Christine erschrak vor sich selbst. Nein, das konnte nicht recht sein, so zu denken. Das war ja fast, als ob sie sich an Michael rächen wollte. Solche Rachegedanken, die durfte sie nicht haben, meinte sie. Und schon gar nicht als Mutter ihrem eigenen Sohn gegenüber.

Ihre Gedanken überschlugen sich. Was war richtig? Was war falsch? Konnte sie in ihrer Lage überhaupt irgendetwas richtig machen?

„Lieber Gott, hilf mir", dachte sie. „Ich halte es nicht mehr aus."

Da kam ihr in den Sinn, wie Renate ihr das Gleichnis vom verlorenen Sohn erklärt hatte. „Der Vater in dem Gleichnis hat gewusst, dass er seinem Sohn das Gute nicht aufzwingen konnte und durfte. Was der Sohn durchleiden musste, hat bestimmt auch dem Vater wehgetan. Aber er hat es ihm nicht abgenommen oder erleichtert, denn nur so konnte sein Sohn zu der Einsicht kommen, dass er umkehren musste."

Und noch ein Gedanke von Renate fiel ihr ein: „Wenn du dir bewusst machst, dass du das *für* Michael tust, wenn du ihn einmal die Folgen seines Trinkens ganz alleine aushalten lässt, und nicht *gegen* ihn, dass du es tust, damit er der Heilung einen Schritt näher kommt, dann schaffst du es auch." So ähnlich musste sie es gesagt haben.

Christine spürte, wie sie endlich wieder einen klaren Kopf bekam. Ja, so war es. *Für* Michael wollte sie das tun, dass sie ihn heute Nacht nicht suchte und nach Hause holte. Auch wenn es ihr selbst noch so wehtat. Für ihn wollte sie das tun.

Und so kam es, dass sie schließlich im Bett lag, ohne dass Michael zu Hause war. Aber noch immer kreisten ihre Gedanken um ihren Sohn: Ob er in einer Ausnüchterungszelle bei der Polizei gelandet war? Vielleicht sogar im Krankenhaus? Oder war er etwa irgendwo draußen liegen geblieben, wo keiner ihn fand und sich um ihn kümmerte?

Und dann kamen die Gewissensbisse: War es wirklich besser für Michael, wenn sie ihm nicht half, wo er doch jetzt wahrscheinlich völlig hilflos war? Musste sie als Mutter nicht immer für ihn da sein, ganz gleich, was geschah? War das nicht ihre Aufgabe von Gott her?

Und schließlich die bange Frage: Wie würde Michael das auffassen, was sie mit ihm machte? Dass sie ihn einfach im Stich ließ, wenn er auf sie angewiesen war? Wie würde er reagieren? Würde er nun einsehen, dass es besser für ihn war, ohne Alkohol zu leben, wenn sie nicht mehr für ihn einstand?

Endlich war Christine trotz all ihrer widerstreitenden Gedanken eingeschlafen. Erschreckt fuhr sie auf, als jemand an die Haustür polterte und wie wild klingelte. Das musste Michael sein. Es war zwanzig vor sechs, stellte Christine mit einem Blick auf ihren Wecker fest. Hastig schlüpfte sie in ihren Morgenmantel und lief die Treppe hinunter. Und dann stand Michael vor ihr: Durchweicht vom nächtlichen Regen, die Kleidung verdreckt, eine Schürfwunde im Gesicht. Und offensichtlich nicht gerade in bester Laune.

„Ist ja nett, dass du mich überhaupt noch reinlässt", sagte er und starrte ihr wütend ins Gesicht.

Christine erschrak. Was sollte sie ihm darauf antworten?

„Wieso?", fragte sie deshalb nur zurück.

Er schob sie beiseite und ging zur Küchentür. „Na, meinst du, es wäre angenehm, im Regen aufzuwachen, ohne Dach über dem Kopf, hinten am alten Bahnhof?"

„Und wie bist du dahin gekommen?", machte Christine einen schwachen Versuch, sich zu verteidigen.

Doch Michael ging gar nicht darauf ein. Schwer ließ er sich auf die Eckbank fallen. „Willst du mir nicht wenigstens einen Kaffee machen?", fragte er in gereiztem Ton. „Oder willst du mich jetzt ganz rausschmeißen?"

Christine zuckte zusammen. Dass Michael überhaupt auf so einen Gedanken kam! Sie hatte es doch gleich gewusst, es konnte nicht gut gehen, wenn sie alles einfach laufen ließ, ohne sich einzuschalten.

„Wie kommst du darauf?", sagte sie, um das Gespräch in Gang zu halten, und beeilte sich, die Kaffeemaschine anzustellen.

„Wenn du dich nicht mal mehr darum kümmerst, wenn ich nicht nach Hause kommen kann!", antwortete er.

Schweigend stellte Christine ihm den Kaffee vor die Nase. Konnte sie ihm in dem Zustand, in dem er war, erklären, warum sie das getan hatte, und dass es ihr selbst unheimlich schwer gefallen war? Während sie sich noch ihre nächste Antwort überlegte, hatte Michael schon ausgetrunken. Hart stellte er die leere Kaffeetasse auf den Tisch und stemmte sich von seinem Platz hoch.

„Na, wenn es dir egal ist", sagte er im Hinausgehen, „dann kann ich ja jetzt trinken, so oft und so viel ich will."

„Und das hat er auch getan", sagte Christine ein paar Tage später zu Renate. „Drei Tage hintereinander hat er sich betrunken. Sonst, wenn er wieder mal so ein Blackout gehabt hatte wie letzten Dienstag, dann ist er wenigstens hinterher ein bisschen zur Besinnung gekommen. Dann hatten wir erst mal für einige Zeit Ruhe."

Die letzten Tage waren für Christine schlimm gewesen. Nun ließ sie den Druck, unter dem sie gestanden hatte, Renate gegenüber heraus.

„Ich hatte doch gleich befürchtet, dass alles nur noch schlimmer würde, wenn ich Michael sich selbst überlasse. Das habe ich nun davon. Sag mir doch bitte mal, wie ich das aushalten soll! Ich hab's doch so schon schwer genug!"

Christine hatte sich richtig in Fahrt geredet. Das sollte Renate ihr erst mal beantworten, wenn sie überhaupt eine Antwort darauf wusste.

Aber Renate ging nicht auf ihre Vorwürfe ein. „Ist Michael denn auch wieder über Nacht weggeblieben, als er sich noch mal drei Tage lang betrunken hat?", fragte sie stattdessen.

Christine stutzte. „Nein", sagte sie dann. Und nach kurzem Besinnen: „Das wollte er wohl nicht noch mal riskieren."

„Könnte es nicht sein, dass das ein Erfolg deiner ‚Maßnahme' war, ihn an jenem Dienstagabend nicht zu suchen und nach Hause zu holen?", fragte Renate weiter.

Christine überlegte. „Wenn du das so siehst", sagte sie zögernd.

„Ich weiß auch nicht, ob es so ist", fuhr Renate fort. „Aber ich denke, es könnte tatsächlich so sein. Und das wäre doch schon ein großer Schritt nach vorn."

„Mag sein", antwortete Christine. „Aber wie ich mit Michaels Vorwürfen umgehen soll und wie ich ihm auf seine Mutmaßungen antworten soll, weiß ich deshalb noch immer nicht."

„Warum sagst du ihm nicht einfach, worüber wir hier miteinander nachgedacht und was wir besprochen haben?"

„Ja, das habe ich mir auch schon gedacht. Aber wenn dann die Situation da ist, dass er mir sowas an den Kopf wirft, dass ich ihn wohl überhaupt nicht mehr haben will, dann kann ich einfach nicht mehr richtig denken. Dann fällt mir nichts ein, was ich ihm erwidern könnte."

Renate nickte. Das kannte sie selbst auch nur zu gut, dass ihr die besten Argumente immer erst hinterher einfielen.

Aber sie hatte die Erfahrung gemacht, dass man besser zurechtkam, wenn man sich schon vorher überlegte, was man sagen konnte.

„Weißt du", sagte sie deshalb zu Christine, „mir hat es manchmal geholfen, wenn ich solche schwierigen Gespräche vorher schon mal mit jemandem durchgespielt habe."

„Durchgespielt?", fragte Christine erstaunt. „Was meinst du damit?"

„Es klingt ein wenig seltsam", antwortete Renate, „aber es könnte dir helfen: Ich schlüpfe in die Rolle von Michael und bombardiere dich mit allen Vorwürfen, die mir nur einfallen. Und du antwortest mir so, als ob er wirklich vor dir stünde. Auf diese Weise kannst du deine Antworten sozusagen im Voraus formulieren, und dann hast du sie im richtigen Gespräch besser parat."

Christine überlegte. Das kam ihr doch ziemlich eigentümlich vor. Sollte sie sich darauf einlassen?

„Ich weiß nicht", sagte sie zögernd. „Dabei käme ich mir, glaube ich, reichlich albern vor."

Aber ihr lag ja viel daran, dass Michael sie verstand. Warum also nicht wenigstens versuchen, ob das mit Renates Vorschlag funktionierte?

„Na gut", sagte sie deshalb nach einer weiteren Bedenkpause. „Dann fang an."

Renate überlegte einen Augenblick.

„Warum kümmerst du dich nicht um mich, wenn ich nicht nach Hause kommen kann?", sagte sie dann in gereiztem Tonfall.

Christine fuhr zusammen. Ganz ähnlich hatte Michael es ausgedrückt, als er nach jener Nacht nach Hause gekommen war.

Aber diesmal wollte sie sich nicht so leicht unterkriegen lassen. „Dann überleg doch erst mal, warum du nicht nach Hause kommen konntest!", antwortete sie ebenso gereizt.

„Du weißt ganz genau, dass ich mir nicht mehr helfen kann, wenn ich aus Versehen zu viel getrunken habe", war die patzige Antwort.

„Kann ich was dafür?", gab Christine genauso patzig zurück.

Die beiden Frauen schauten sich an, und plötzlich fingen sie beide an zu lachen.

„Na, du hast ja eine ganz schöne Wut im Bauch auf deinen Sohn", sagte Renate.

„Ja", sagte Christine, „das merke ich auch gerade. Und es ist sogar ein richtig gutes Gefühl, mich zu wehren und nicht nur alles zu schlucken. Nur weiß ich nicht, ob ich Michael erklären kann, warum ich ihn seine Suppe selbst auslöffeln lasse, wenn ich nur wütend bin."

„Gut", meinte Renate. „Machen wir noch einen Anlauf."

Wieder schlüpfte sie in Michaels Rolle.

„Kann ich mich denn auf dich auch nicht mehr verlassen?", fragte sie im Jammerton. „Hältst du denn auch nicht mehr zu mir? Und dann wunderst du dich noch, wenn ich wieder trinke!"

Darauf konnte Christine so schnell nicht antworten. Denn das war der Punkt, der ihr am meisten wehtat und ihr am meisten Angst machte. Gequält schaute sie zu Renate hinüber. „Das ist eben meine Frage", sagte sie. „Was mache ich, wenn er nun erst recht wieder anfängt zu trinken?"

„Wer ist dann dafür verantwortlich?", fragte Renate.

„Jedenfalls habe ich ihm dann den Anlass dazu gegeben", wich Christine aus.

„Du hast ihm dann nicht den Anlass dazu gegeben, er hat dann deine Haltung zum Anlass genommen. Und das ist ein Unterschied. Ganz gleich, was du oder andere tun, Michael wird immer einen Anlass zum Trinken finden, solange er sein Leben nicht grundsätzlich ändern will. Und das bringt uns zurück zu der Frage, wer denn nun verantwortlich dafür ist, wenn er trinkt", sagte Renate. „Ich glaube, es ist die Kernfrage überhaupt", setzte sie nach kurzem Besinnen noch hinzu.

Obwohl die Antwort auf der Hand lag, fiel es Christine nicht leicht, sie auszusprechen. Denn wenn sie sagte, dass Michael allein die Verantwortung trug, gestand sie damit zugleich ein, dass sie seiner Sucht und dem Alkohol gegenüber machtlos war. Aber hatte sie das nicht schon längst erfahren und erlitten?

„Ja", rang sie sich deshalb schließlich durch. „Mein Gefühl sträubt sich zwar noch immer dagegen, aber wenigstens im Kopf fange ich an, es zu begreifen: Michael ist selbst verantwortlich. Und ich will ihm diese Verantwortung nicht länger abnehmen."   *Sabine Werther*

Anregungen für das Gruppengespräch:
1. *Die Geschichte nur bis zum zehnten Absatz auf Seite 63 lesen: „... dann kann ich ja jetzt trinken, so oft und so viel ich will!" Gemeinsam überlegen, wie es von hier aus weitergehen könnte.*
2. *Diese Geschichte lässt sich gut mit verteilten Rollen nachspielen.*

Eva
„Warum können wir nicht wie normale Leute leben?"

Eva spürte, wie sich ihr Magen zusammenkrampfte, als sie Thomas' Auto zwei Stunden zu spät die Einfahrt hochkommen hörte. Bis dahin war es eine so schöne, friedliche Woche gewesen. Sie hatte gedacht, dass sie und Thomas es vielleicht geschafft und sie ihre Probleme überwunden hätten. Aber das war wohl doch nur eine Illusion gewesen.

Ein Blick in Thomas' glasige, leere Augen sagte ihr, dass ihnen kein guter Abend bevorstand. Als Thomas die Sorge und Enttäuschung in ihrem Gesicht erkannte, sah er sie trotzig an, so als ob er sie herausfordern wollte, etwas über seine Verspätung oder seinen Zustand zu sagen. Die Auseinandersetzung war schon vorprogrammiert, noch bevor jemand ein Wort gesagt hatte.

Die Kinder saßen überdreht am Abendbrottisch infolge der schlechten Laune ihrer Eltern und des langen Wartens auf das Essen. Jochen brach in Tränen aus, als Eva ihm sagte, er müsse seine Erbsen aufessen. Daraufhin herrschte Thomas ihn an: „Hör auf zu heulen, oder ich gebe dir einen Grund dazu!" Diese Äußerung, die noch nie ein Kind dazu gebracht hat, mit Weinen aufzuhören, funktionierte auch bei Jochen nicht. Schließlich gingen die Kinder bedrückt auf ihre Zimmer.

„So einen trockenen und zähen Braten habe ich noch nie gegessen", beschwerte sich Thomas. „Ich arbeite den ganzen Tag, um etwas zu essen auf den Tisch zu bringen, und das ist der Dank dafür?"

„Nun, um halb sechs war er noch ganz gut", entgegnete Eva. „Man kann einen Braten halt nicht ewig warm halten. Kannst du nicht wenigstens anrufen, wenn du spät dran bist?"

Thomas gab eine ärgerliche Antwort, und wieder war ein Streit im Gange. Am Ende kippte Thomas den Rest seines Essens auf den Fußboden und beschimpfte Eva als Schlampe. Eva hatte Angst, er würde sie schlagen. Als sie die Küche verlassen wollte, um sich zu beruhigen, weigerte er sich, ihr die Autoschlüssel zu geben. Dann stellte er sich in die Tür und ließ sie nicht hinaus. Sie reagierte mit gemeinen Beschimpfungen, die sie unter anderen Umständen nie gebraucht hätte.

Schließlich schlief Thomas in seinem Sessel ein. Eva weinte, während sie sein Essen vom Boden aufwischte. Später stand sie am Fenster und starrte zu dem Haus auf der anderen Straßenseite hinüber, das immer so friedlich aussah. Von da drüben hatte sie nie eine laute Stimme gehört. „Warum können wir nicht so glücklich sein wie Max und Barbara?", fragte sie sich. „Warum können wir nicht wie normale Leute leben?"

Dann setzten Schuldgefühle und Selbstzweifel ein. „Was mache ich bloß falsch, dass mein Mann sich immer betrinkt, bevor er nach Hause kommt? Wenn ich eine bessere Ehefrau wäre, käme er dann nicht nüchtern nach Hause?" –

Obwohl Evas Schuldgefühle unangebracht sind, hat Eva mit diesen Überlegungen schon den ersten Schritt in ein besseres Leben getan: Sie gibt zu, dass es in ihrer Familie Probleme gibt. Die Situation ist dermaßen außer Kontrolle geraten, dass sie sich nichts mehr vormachen kann. Sie kann sich nicht mehr einreden: „Das ist doch ganz normal, jeder hat schon mal einen Streit oder einen schlechten Tag." Es ist ein großer Schritt nach vorn, wenn man sich eingesteht, dass es ein schwer wiegendes Problem gibt.

Christina Parker

Erika
„Es ist ein Teufelsrad, ein Irrgarten der Gefühle"

Fünfundzwanzig Jahre neben einem alkoholabhängigen Partner zu leben, sind unendliche Sorgen, ist ein stetes Hoffen auf Ruhe und Geborgenheit, eine ständige Selbstaufgabe, ein Sichverlieren in Scham- und Schuldgefühle, ist Selbstverachtung, ist das wandelnde schlechte Gewissen. Es ist ein Teufelsrad, ein Irrgarten der Gefühle!

Ich suchte angestrengt einen Ausweg. Aber wie konnte ich ihn finden, abgekapselt, niemand an mich heranlassend, nach außen das Heile-Welt-Gesicht tragend? Wem konnte oder sollte ich sagen, wie miserabel ich mich fühlte, in welchen seelischen und auch materiellen Nöten ich steckte?

Da halfen mir Menschen, mit leisen Tönen die Festung zu öffnen. Und dann wackelte es auf einmal kräftig, es kam zu einem Durchbruch und ich konnte neue Wege erkennen. Das machte mich ungeheuer mutig. Jetzt wollte ich weiter, nicht bei dem kleinen Erfolg ausharren.

Mithilfe eines Therapeuten ging ich daran, mich selbst zu erkunden, zu erkennen und zu verändern, was nötig und möglich war. Das tat manches Mal weh. Es kamen dabei auch eine Menge eigener Schwächen zutage. Bisher hatte ich doch alles, was mit mir geschah oder auch nicht, meinem alkoholabhängigen Partner angelastet. Und das war bequem. Über mich selbst nachzudenken, dazu hatte ich doch gar keine Zeit mehr gehabt.

Mein Therapeut versuchte mit mir herauszufinden, worin diese endlose Bereitschaft lag, alles zu erdulden und auszuhalten. Wir durchforschten meine Kindheit und Jugendzeit, ob da ein Grundstein zu finden wäre.

Ich bin das dritte von sieben Kindern und war neun Jahre alt, als meine Mutter starb. Für uns gab es von da an einen Aufgabenkatalog, der uns zum Kindsein keinen Spielraum mehr ließ. Mein Vater versuchte, uns mit ausgeprägter Strenge zu erziehen. In dieses Konzept passte nirgends ein „Nein" oder „Das kann oder will ich nicht". Wir durften noch nicht einmal sagen: „Wir sind hungrig" oder „Wir sind satt". Vater teilte uns zu, was er für gut oder ausreichend fand, und damit basta. Wir durften nie ins Bett, wenn wir meinten, müde zu sein. Er legte die Zeit fest, und das war nie vor Mitternacht. Wir weinten zwar sehr oft, aber auch das durfte er nicht sehen. „Mit Weinen ist niemand geholfen", das war seine Devise. Es gab für uns keine Möglichkeit, uns zu wehren, unsere Situation zu verändern. Wir ertrugen und erduldeten alles. – Ist hier nicht die Parallele zu meinem Erleiden und Erdulden in den fünfundzwanzig Jahren mit meinem alkoholabhängigen Partner?

Bis zu den Gesprächen mit dem Therapeuten hatte ich keinen entsprechenden Bezug zu meinem Verhalten in der Ehe mit einem Alkoholabhängigen gesehen. Jetzt fing ich an zu erkennen und zu glauben, dass mich meine Kindheits- und Jugenderlebnisse so geprägt haben, dass ich in dieser vertrauten Rolle blieb und diesen Partner heiratete.

Ich war gewöhnt, nichts für mich zu wollen, sondern zu gehorchen, auf die Bedürfnisse anderer einzugehen, auch wenn es mir innerlich widerstrebte. Ich hatte nicht gelernt, Widerspruch zu leisten, mein Recht auf Lebensentfaltung durchzusetzen. Auch in der Ehe stand an erster Stelle der Pflichtenkatalog, jetzt in der Versorgung einer herrischen Schwiegermutter, gegen die sich mein Mann auch nicht durchsetzen konnte. Sie war voll an die Stelle meines Vaters getreten. So zu leben war mir vertraut, darin war ich eingeübt, das gab mir Sicherheit. Ich war zu unsicher, um hier auszubrechen. Ich wurde sehr leidens- und leistungsstark.

Es hat lange gedauert, bis ich den Widerstand gegen diese Einsichten aufgab. Ich wollte für meine Tüchtigkeit gelobt werden. Nun erkannte ich, dass es nicht so bleiben musste und durfte. Für mich war das eine befreiende Erfahrung. Ich nahm sie dankbar an. Sie weckte später in mir den Wunsch, ähnlich Leidenden Mut zu machen, sich zu öffnen, nach außen zu gehen und Hilfe für sich selbst in Anspruch zu nehmen.

Diese Erkenntnisse in, an und mit mir haben sich positiv auf unser gemeinsames Leben ausgewirkt. Mein Mann lebt seit eineinhalb Jahren ohne Alkohol. Wir gehen zu therapeutischen Gesprächen, denn wir brauchen beide weitere Hilfe. Diese schrecklichen Jahre können wir nicht so einfach wegstecken. Und nicht mehr zu trinken reicht doch nicht aus, um mit der Vergangenheit fertig zu werden, weder für ihn noch für mich. Jeder Schritt nach vorn bereitet uns Freude. In meiner größten Not habe ich um Hilfe gebetet. Heute danke ich aus vollem Herzen dafür, dass Gott mir Wege und Hilfsmöglichkeiten gezeigt hat.

Wie aber hatte das alles begonnen? Mein Mann war bereits zweimal in stationärer Therapie. Auch nach der letzten Behandlung in der Fachklinik lebte er kaum ein Jahr abstinent. Es war keine zufriedene Abstinenz. Es war, als wäre ihm etwas genommen worden, worauf er nur widerwillig verzichtete. Das spürte ich deutlich.

Ich hatte zum zweiten Mal Einzel- und Ehepaargespräche mit Therapeuten in der Klinik. Auch war ich zum zweiten Mal zu einem Ehefrauenseminar in der Klinik und zum Seminar für strategisch wichtige Personen. Inzwischen waren mir Alkoholismus und seine Therapie auch von der Theorie her vollauf vertraut. Nur meine eigene Rolle hatte ich bis zu diesem Zeitpunkt nicht durchschaut. Irgendwie war da eine Blockade, ein blinder Fleck. Ich setzte mich nicht mit mir auseinander, obwohl gerade im letzten Ehefrauenseminar intensiv über die Rollenveränderung der Ehefrau diskutiert und die Notwendigkeit hierzu verdeutlicht wurde.

Als mein Mann heimkam, machte ich die alten Fehler. Wieder galt mein ganzes Trachten seinem Wohlergehen. Meine Bedürfnisse, das, was ich für mich hatte tun wollen, stellte ich wieder weit zurück. Anderes schien mir egoistisch und nicht christlich. zu sein.

Mein Mann hatte allerdings in seiner zweiten Therapie auch nichts hinzugelernt. Er hielt mich durch seine Ansprüche in der alten Rolle fest, und ich ließ mich festhalten. Er erwartete von mir, dass ich ihn tröstete, ihm Gutes tun sollte, nachdem ihm der Alkohol genommen worden war. Nun saugte er mich süchtig aus. Und ich ließ mir das nicht nur gefallen, ich sah es als meine Pflicht an, ganz für ihn da zu sein, ihn für seine Abstinenz zu belohnen.

So verhinderte ich sein Selbstständigwerden, seine Reifung, und er meine. Das erkannten wir aber nicht oder wollten es nicht erkennen. Die alten Rollen waren uns so vertraut. Ich war, was die Versorgung meines Mannes betrifft, voll in die Fußstapfen meiner Schwiegermutter getreten. Ich nahm es hin, dass wir nur gelegentlich zur abstinenten Gruppe gingen und zum Schluss kaum noch. In all dem merkte ich nicht, wie er Macht über mich ausübte, wie schwach ich war.

So sehe ich heute den Rückfall meines Mannes mit den daraus für mich resultierenden Nöten als notwendig an. Was musste um Himmels willen noch geschehen, dass ich das Verkehrte meines Tuns einsah?

Ich erfuhr, dass die Klinik, in der mein Mann behandelt worden war, ein Seminar für Frauen ehemals behandelter Patienten durchführte. Das Seminar hieß „Frauen helfen Frauen". Ich erhoffte mir dort Hilfe und fuhr hin. Und mir wurde geholfen: von den Frauen des Seminars und vom Therapeuten. Wie Schuppen fiel es mir von den Augen. Ich konnte die Sätze annehmen: „Du kannst deinen Partner nicht ändern! Er aber hat eine Chance, sich zu ändern, wenn die Veränderung bei dir anfängt und du aus deiner bisherigen Rolle aussteigst!" Dieses Mal waren es erlösende Tränen, die aus meinen Augen herausquollen. Ich fühlte mich freier und gewann Hoffnung. Auch wurde mir gesagt, dass ich an meinem Heimatort weitere Hilfe für mich brauche. Ich erhielt eine Adresse.

Zu Hause verdeutlichte ich meinem Mann, dass ich ihm in der bisherigen

Weise nicht mehr helfen würde. Das sei das Ergebnis meiner ungefärbten Bilanz, denn sie zeige nur rote Zahlen. Meine Art, ihm zu helfen, habe uns nur noch tiefer in das Elend geführt. Und das wolle und würde ich nicht weiter tun. Ich sei total gescheitert und restlos am Ende mit meinen Kräften. Ich würde jetzt unbedingt etwas für mich persönlich tun, damit ich nicht zugrunde ginge. Ich fühlte, dass ich mit meiner ganzen Existenz am Abgrund stand. Ich sagte meinem Mann, dass ich ab sofort keine Verantwortung mehr für ihn übernehmen und nicht versuchen würde, ihn am Trinken zu hindern. Er könne trinken, wann und wo und wie oft er wolle. Das sei ganz und gar seine persönliche Sache, liege in seiner Verantwortung. Ich würde wieder zum Chor gehen, mich weiterbilden, einfach tun, was ich jahrelang völlig zurückgestellt hatte.

Das war mein Mann von mir nicht gewöhnt. Ob er wirklich davon beeindruckt war, weiß ich nicht. Er erlebte aber in den folgenden Tagen, dass ich mein Vorhaben in die Tat umsetzte. Mein Herzklopfen und meine Ängste zeigte ich ihm nicht. Die Folge war verstärktes Trinken. Er wollte mich bestrafen, mir Angst machen, mich letztlich in die alte Rolle zurückdrängen.

Ich wusste, ich brauchte jetzt dringend Hilfe und nahm mit der mir empfohlenen Stelle Kontakt auf. Dort bekam ich die Hilfe, die ich brauchte, um standhaft bleiben zu können. Daraus wurde dann eine Therapie für mich. Als mein Mann merkte, dass ich mich in diesen Machtkampf nicht mehr einließ, auch nicht erpressbar war, gab er sein Trinken auf. Das war vor eineinhalb Jahren.

Ich engagiere mich seit einiger Zeit in der Angehörigengruppe „Frauen helfen Frauen", die unserem Freundeskreis angeschlossen ist. Mein Mann und ich besuchen jetzt regelmäßig die Veranstaltungen des Freundeskreises. Für uns hat ein neuer Weg begonnen, den zu gehen es lohnt. Manchmal denken wir, dass das Leiden zu unserem Leben gehört hat, um uns reicher und reifer zu machen. Wir haben die Zeit des Leidens angenommen.

Anregungen für das Gruppengespräch:

Impulsfragen:
- Als Angehöriger: *Wo erkenne ich mich selbst in dem geschilderten coabhängigen Verhalten?*
- *Welche konkreten Schritte möchte ich deshalb jetzt gehen?*

Weitere Texte zu diesem Kapitel:

Sabine: „Ich war wie meine Mutter", Seite 95
Anita: Unsere „Schon-Mutter", Seite 97

„Lass uns neu beginnen!"
Ehe am Scheideweg

„Die Ehe ist ein Kunstwerk der Liebe, Werk des Könnens, an dem beide bauen, ändern, korrigieren und neu gestalten, ein ganzes Leben hindurch."

Fritz Leist

Eine Partnerschaft für beide Eheleute zufrieden stellend und glücklich über viele Jahre miteinander zu gestalten ist uns weder angeboren noch eine gelebte Selbstverständlichkeit. Sie ist eher das Produkt harter Arbeit an der eigenen Person, den eigenen Grenzen, seinen oftmals ganz anderen Wünschen und Bedürfnissen und insbesondere an der gemeinsamen Beziehung. Damit sie lebendig bleibt, ist das ständige Bauen, Ändern, Korrigieren und Neugestalten – wie der Ehetherapeut Fritz Leist es ausdrückt – unverzichtbar. Viele Paare scheitern – nahezu jede zweite Ehe wird heute geschieden. Kaum ein Ereignis rüttelt die Seele eines Menschen derart durcheinander, wie eine zerbrochene Liebe.

Ehen mit einem suchtkranken Partner sind besonders bedroht. Das zeigen unzählige Beispiele in unserer Arbeit.

Manche Ehen sind durch die Suchterkrankung zwar schwer erschüttert, aber nicht grundlegend gefährdet. Der mitbetroffene Partner unterstützt den abhängigen nach Kräften auf seinem beschwerlichen Weg in die Abstinenz und gibt damit eine entscheidende Motivation für die Behandlung.

Es gibt aber auch Paare, deren Ehe am „seidenen Faden" hängt. Die Behandlung des suchtkranken Partners ist manchmal der letzte Versuch zur Rettung der Beziehung. In intensiven paar- und ehetherapeutischen Gesprächen und einwöchigen Eheseminaren arbeiten wir dann gemeinsam an Kränkungen und seelischen Verletzungen. Wenn beide Partner ernsthaft ihre Einstellungen und ihr Verhalten ändern wollen, dann ist für sie ein bewusster Neuanfang möglich.

Manche Partner leben bereits getrennt oder geschieden, sind jedoch bereit, noch einmal Kontakt zueinander aufzunehmen. In den paartherapeutischen Sitzungen geht es dann darum, eine Bilanz der Beziehung zu ziehen, bisher Unausgesprochenes zu klären, über Schuld zu sprechen und – im guten Fall – um ehrliche gegenseitige Vergebung. Einzelne Paare wagen dann einen bewussten Neubeginn, manche sogar eine Wiederheirat.

Scheidung ist meist die Endstation einer lang andauernden, sehr schmerzhaften und durch viel gegenseitige Missachtung und Demütigung geprägten chronischen Beziehungskrise. Sie ist nicht vermeidbar, wenn einer oder beide Partner keine Hoffnung mehr füreinander haben und zu einer konstruktiven Krisenbewältigung keine Kraft mehr aufbringen können oder wollen.

Monika, deren Mann Harald sich gerade zu einer Entwöhnungsbehandlung in der Blaukreuz-Fachklinik in Radevormwald aufhält, spürt – bei aller Bitterkeit – noch einen Funken Hoffnung: „Lass uns neu beginnen – aber bitte nicht mehr so, wie bisher."

Demgegenüber steuert **Brigitte**, die Ehefrau eines alkoholabhängigen Mannes, auf die Scheidung zu. Sie resigniert und ist seelisch am Ende. Im Gespräch mit einem Suchtberater schildert sie ihre zahllosen gescheiterten Hilfs- und Rettungsaktionen für ihre zerrüttete Ehe.

Monika
„Lass uns neu beginnen"
Eine Frau schreibt ihrem alkoholkranken Mann

Lieber Harald!
Jetzt bist du schon einige Wochen in der Suchtfachklinik und von zu Hause fort. Einerseits tut mir der Abstand zu dir gut, andererseits vermisse ich dich häufig im Alltag.

Meine Gedanken gehen oft zurück in die fast zwanzig Jahre unseres gemeinsamen Lebens, und da kommen viele Schmerzen in mir hoch.

Aneinander vorbei gelebt

Wir wussten und wissen beide, dass man in der Ehe miteinander reden muss, doch du hast nicht viel davon gehalten. Dabei ist es manchmal so wichtig und dringend nötig, sich auszusprechen und dem anderen mit Herz und Verstand zuzuhören. Aber weder sprichst du mit mir über das, was dich kränkt oder dich bedrückt oder was dir durch den Kopf geht noch hörst du mir mit Herz und Verstand zu – noch nicht einmal mit deinen Ohren.

Ich habe oft versucht, dir klarzumachen, dass wir immer mehr aneinander vorbei leben und nicht mehr miteinander leben. So war es viele Jahre und ich habe den Eindruck, es hat dich noch nicht einmal wesentlich gestört.

Zu Beginn unserer Beziehung bezeichnetest du mich mal als die „bessere Gelegenheit oder Chance, aus deinem früheren Milieu herauszukommen". Noch heute frage ich mich, ob das wohl alles ist, was ich dir bedeute. Und außerdem scheint diese „Gelegenheit" dir auch nichts genützt zu haben.

Ich wünsche mir deine Fürsorge

Es macht mich maßlos traurig, wenn ich andere Paare miteinander sehe, wie sie ein Zusammengehörigkeitsgefühl entwickeln und wenn Einheit und Vertrautheit spürbar werden.

Wenn wir beide mit anderen Menschen zusammen sind, bin ich für dich so gut wie überhaupt nicht existent. Ich empfinde von deiner Seite auch nie die Sorge, Fürsorge oder sogar Verantwortung, die ich bei anderen Männern für ihre Frauen erlebe. Für so etwas ist gar kein Platz in dir, denn du bist ja mit dir immer selbst voll beschäftigt. Vor allem willst du bei anderen einen guten Eindruck hinterlassen, immer der liebe Harald sein, der ja so überaus hilfsbereit ist.

Während du für andere sogleich springst, lässt du mich mit meinen Anliegen stehen. Ich könnte dir da eine ganze Reihe von Beispielen aus unserem Alltag aufzählen.

Ich war allein und einsam

Als du erst einmal erreicht hattest, was du wolltest, nämlich bei mir zu wohnen, hast du dir um mich keine Mühe mehr gegeben. Du hast nur eines vergessen: Um Partnerschaft muss man sich immer wieder neu bemühen und zwar mit Herz, Seele und Verstand. Ich wünschte mir mal ein nettes Wort, von Herzen kommende Zärtlichkeit, etwas Liebevolles. Ich wünschte mir, zusammen mit dir Freude genießen zu können.

Doch bisher habe ich die Dinge, die mir Freude bereiteten, immer alleine genießen müssen, weil du diese Momente gar nicht erfasst hast oder sie nicht in Zweisamkeit genießen kannst.

Das Wort „wir" habe ich selten bei dir gehört, meistens nur „ich". Was esse ich? Was ziehe ich an? Mein Garten, meine Hecke, meine Arbeit usw.

Und so wie ich die Freude allein erleben musste, so war ich auch gezwungen, allein mit meinen traurigen Stunden fertig zu werden.

Ich erinnere dich an den Tod meiner Mutter: Ich habe von dir nie ein Wort des Trostes gehört, vielmehr war es dir wichtig, von deinen neuen Autoreifen zu reden.

Schmerzlich vermisse ich deine Einfühlung, deine Sensibilität, dein Mitempfinden. Ein gutes hilfreiches Wort in für mich angstvollen Augenblicken kenne ich leider nicht. Und das tut furchtbar weh!

Interessiert dich überhaupt der Mensch „Monika"? Ich habe den Eindruck, nicht!

Wie soll es weitergehen?

Für mich stellt sich die Frage, wie es mit uns weiter gehen soll. Geht es überhaupt noch weiter? Ich weiß, du fühlst dich immer im Recht, und das ist schlimm für mich. Allein einmal zu sagen: „Es tut mir Leid" oder „Entschuldige", ist dir so gut wie unmöglich. Du bist starrköpfig, doch dabei erreichst du bei mir nichts.

Ich bin dir gegenüber im Laufe der Zeit sehr misstrauisch geworden. Nur allzu oft hast du dich durchgemogelt. Oft habe ich dabei einen furchtbar bitteren Geschmack bekommen! Deine so dumme Frau sollte ja nie etwas merken, meintest du.

Ich habe für dich gekämpft!

Im Laufe der Jahre ist der Alkohol dir um ein Vielfaches lieber geworden als ich. Statt mit mir im Wohnzimmer zu sitzen, entdeckte ich dich häufig mit der Flasche im Keller sitzend. Eigentlich hast du es gar nicht nötig gehabt, dich zurückzuziehen und heimlich im Keller zu trinken. So weit ist es inzwischen gekommen. Harald, du hast so viele gute Seiten, aber du brauchst Ehrlichkeit und Zuverlässigkeit nach außen und innen.

Du siehst, ich bin voller Bitterkeit! Ich habe meine Sorgen mit dir zu teilen versucht, ich habe viel gekämpft für dich und um dich, ich habe mit dir gefühlt und dich umsorgt, ich habe immer wieder versucht, dir den Alltag zu verschönern – mit vielen Kleinigkeiten.

So erinnere ich mich an die wenigen Augenblicke, wenn ich mit dir zusammen spazieren ging. Doch wenn es in der letzten Zeit mal dazu kam, dann war unser beziehungsloses Nebeneinanderhertrotten ein Abbild unserer Ehesituation, wie sie sich tatsächlich entwickelt hatte.

Du bemühst dich auch gar nicht um mehr. Nicht mal eine kleine Geste der Zuneigung mir gegenüber ging von dir aus. Mit Kniffen und Tricks – wie du so schön zu sagen pflegtest – kann man zwar Sex machen, aber mit Liebe hat das wohl nichts zu tun. Dies wäre ein weiteres schmerzhaftes Thema, aber – was soll's – hier habe ich längst resigniert.

Bin ich dir noch etwas wert?

Wenn ich dich mit diesen Zeilen beleidigt habe, so verzeih mir bitte! Ich wollte es nicht, aber ich kann die Kränkungen, die mir von dir zugemutet wurden, nicht mehr ertragen. Es tut so weh, immer leer ausgehen zu müssen.

Du hast noch viel Zeit in Radevormwald, um über all das nachzudenken, was mich bewegt, und du hast die Zeit, dich in deiner Einstellung zu dir und mir zu verändern.

Wenn ich dir noch etwas wert bin, dann lass uns neu beginnen – aber bitte nicht mehr so, wie bisher!

Monika

Brigitte
„Ich habe versucht, mich nicht mehr um sein Trinken zu kümmern, aber es geht nicht"

„Sie haben mir gesagt, ich soll mich nicht gleich scheiden lassen, sondern es anders probieren. Also habe ich es probiert. Ich habe ihn trinken lassen, ich habe ihm gesagt, dass mir das Leben mit einem Alkoholiker nicht passt und dass ich möchte, dass er sich von Ihnen beraten lässt und in Behandlung geht. Es hat alles nichts genützt. Der denkt nicht daran aufzuhören. Ich glaube, ich lasse mich jetzt doch scheiden."

„Ich nehme an, dass Sie dazu noch nicht endgültig entschlossen sind, sonst wären Sie sicher nicht hier."

„Können Sie mir sagen, was ich noch machen kann?"

„Sie haben schon noch einige Möglichkeiten, die Sie vorher ausprobieren können."

„Und welche wären das?"

„Zum Beispiel, dass Sie sich von Ihrem Mann scheiden, ohne sich von ihm zu trennen."

„Wie meinen Sie das?"

„Ich meine, dass Sie sich innerlich, gefühlsmäßig von ihm scheiden können, indem Sie sich nicht mehr um ihn kümmern, ihn links liegen lassen, ihn in der Familie isolieren und Sie Ihre eigenen Wege gehen. Sagen Sie ihm dabei ruhig, dass Sie das tun, weil Sie sein Trinken nicht mehr ertragen können und Sie keinen anderen Ausweg sehen. Stellen Sie ihn ruhig vor die Alternative: Entweder bist du mit der Flasche oder mit mir verheiratet. Mit beiden geht's nicht mehr. Du musst dich entscheiden."

„Ich glaube nicht, dass das geht. Ich habe nämlich schon versucht, ihn zu ignorieren. Das hat nichts genützt."

„Wie lange haben Sie es versucht?"

„Zwei oder drei Tage lang. Dann habe ich das nicht mehr ausgehalten. Ich kann ihm doch in der Wohnung nicht aus dem Weg gehen. Wenn der merkt, dass ich mache, was ich will und mich nicht mehr um ihn kümmere, dann schlägt er Krach."

„Das Problem dabei ist sicher, dass Ihr Mann ein größeres Durchhaltevermögen hat als Sie, weil er trinkt. Er überbrückt solche Tage eben durch Trinken. Und wenn Sie dann wieder einlenken, glaubt er, dass es für ihn nicht ernst wird. Sie können nur zum Ziel kommen, wenn Sie konsequent durchhalten, das heißt, wenn Sie ihn nicht nur zwei, drei Tage links liegen lassen, sondern immer. Dann wird er begreifen, dass er sich wirklich zwischen Ihnen und seiner Flasche entscheiden muss."

„Was Sie sagen, leuchtet mir ja schon ein, aber ich weiß nicht, wie ich das schaffen soll. Wenn mein Mann getrunken hat und dann Krach macht, ist das furchtbar."

„Ich weiß, dass es nicht leicht ist. Aber vielleicht haben Sie die Möglichkeit, wenn es ganz schlimm wird, ihn einfach einmal für ein paar Tage zu verlassen. Dann kommen Sie und Ihre Kinder wieder zur Ruhe, und Ihrem Mann wird das sehr zu denken geben. Denn wenn er auch nicht bereit ist, sich zu ändern, so wird er Sie und die Kinder doch nicht verlieren wollen."

„Aber ich weiß nicht, wo ich hingehen könnte."

„Wenn es Ihnen Ernst ist, werden Sie schon etwas finden. Oft kann man bei Verwandten oder Bekannten kurze Zeit unterkommen. Wenn gar nichts geht, dann mieten Sie sich in einer Gaststätte ein. Vielleicht lässt sich auch in einem Frauenhaus etwas finden, wo Sie vorübergehend bleiben können. Es ist nur wichtig, dass Sie sich seinen Aggressionen entziehen und Ihr Mann merkt, dass es Ihnen ernst ist."

„Ja, ich glaube, ich weiß doch, wo ich einmal kurze Zeit unterkommen könnte, aber dann geht ja zu Hause alles drunter und drüber. Was glauben Sie, wie es dann da aussieht! Ich kann mir schon vorstellen, dass er zuerst tobt und brüllt. Und dann wird er erst recht trinken. Und dann bekommt er Ärger mit den anderen Hausbewohnern, weil er mit denen auch immer Streit anfängt. Und zum Schluss holt ihn die Polizei zur Ausnüchterung."

„Lassen Sie es doch ruhig einmal zu einer solchen Krise kommen! Es ist auch nicht schlimmer als das, was Sie mit Ihren Kindern jeden Tag durchmachen. Und oft ist eine solche Krise für den Alkoholkranken notwendig, damit er endlich an seinem Tiefpunkt ankommt."

„Glauben Sie, dass das schon ausreicht? Ich habe gehört, der Alkoholkranke müsse erst in der Gosse liegen, bevor er aufhört."

„Ja, das wird häufig gesagt, aber so stimmt das nicht. Richtig ist, dass der Alkoholkranke an seinen Tiefpunkt kommen muss. Doch der Tiefpunkt ist bei jedem Menschen verschieden. Im Einzelfall kann es durchaus einmal sein, dass jemand erst in der Gosse landen muss, doch die Regel ist das nicht. Solange der Alkoholkranke noch nicht alle Selbstachtung verloren hat, kommt sein Tiefpunkt viel früher.

Im Prinzip kann ein Alkoholkranker jederzeit mit Trinken aufhören. Nur wird er es, solange es noch nicht so schlimm ist, nicht tun, weil er es noch nicht für notwendig hält. Das ist ja das Problem. Es wäre in einem früheren Krankheitsstadium viel einfacher zu helfen, aber genau da ist der Alkoholkranke noch nicht dazu bereit. Er ist es eben leider erst, wenn er an seinen Tiefpunkt gekommen ist, das heißt, wenn er merkt, dass ihm sein Lieblingsgetränk Alkohol inzwischen so viele Schwierigkeiten bereitet, dass es ihm zuviel wird. Und darum ist es so wichtig, wenn Angehörige zulassen, dass es so schnell wie möglich dahin kommt."

„Und wenn er danach immer noch nicht aufhört?"

„Dann ist es wichtig, dass Sie ihn weiter ignorieren und ihn spüren lassen, dass Sie nicht bereit sind, noch irgendetwas für ihn zu tun, solange er weiter trinkt und nicht bereit ist, in Behandlung zu gehen."

„Meinen sie, ich soll gar nichts mehr für ihn tun?"

„Nun, ganz so krass natürlich nicht. Sie können weiterhin all das tun, was Sie für ihn tun, wenn er nicht trinken würde. Im Prinzip geht es nur darum, dass Sie sich weigern, die Folgen seines Trinkens zu übernehmen oder sich dadurch kaputtmachen zu lassen. Alle Trinkfolgen soll er ruhig selbst tragen und auch zu spüren bekommen."

„Ob ich das fertig bringe …?"

„Solange Sie für sich selbst nichts tun, wird es sicher schwer werden.

Wenn Sie ernsthaft versuchen, Ihren eigenen Weg zu gehen, und nicht nur Ihrem Mann ausweichen, dann bekommen Sie auch wieder Kraft und Lebensmut, diese schwere Zeit besser durchstehen zu können."

„Was könnte das sein, für mich selbst was tun?"

„Nun, ich nehme an, dass es viele Dinge gibt, die Sie früher gerne getan haben und die durch das Trinken Ihres Mannes immer mehr ins Hintertreffen geraten sind. Zum Beispiel unter andere Menschen gehen."

„Ja, da haben Sie recht. Seit er so stark trinkt und so aggressiv ist und mit jedem gleich Streit anfängt, kommt kaum noch Besuch zu uns. Und ich getraue mich auch nicht mehr, mit ihm wohin zu gehen. Früher bin ich auch gerne in den Wald gegangen. Aber er bleibt ja gleich an jedem Lokal hängen, und dann gibt es nur noch Streit."

„Da haben Sie ja eine ganze Menge Dinge, die Sie vernachlässigt haben und die Sie wieder tun könnten. Denken Sie dabei auch an Ihre Kinder! Denen tut es doch auch gut, wenn Sie wieder entspannter und ruhiger reagieren. Noch besser wäre, wenn Sie Hilfe in einer Abstinenzgruppe suchen, zum Beispiel in unserer Blaukreuz-Gruppe. Dort treffen Sie auf viele Menschen, die Sie verstehen, mit denen Sie einmal über alle Ihre Probleme sprechen können und die Ihnen auch helfen. Dort finden Sie auch viele Möglichkeiten, in alkoholfreiem Rahmen wieder gesellig zu werden oder auch wandern zu gehen. All das kann Ihnen helfen, besser damit klar zu kommen und abwarten zu können, bis Ihr Mann so weit ist, etwas für sich zu tun."

„Das ist aber ganz schön schwer. Meinen Sie nicht, es hilft, wenn ich ihm einfach sage, dass ich mich scheiden lasse, wenn er jetzt nicht zu einer Behandlung bereit ist?"

„Ich weiß es nicht. Vielleicht reicht das schon aus. Aber bedenken Sie, dass Sie dazu nur einmal die Möglichkeit haben. Wenn Sie die Drohung dann nicht auch konsequent durchführen, wird Ihnen Ihr Mann in Zukunft nicht mehr glauben."

„Nun ja, Sie haben vorhin schon recht gehabt. Eigentlich will ich mich doch noch nicht scheiden lassen. Ich muss nun einfach erst einmal nachdenken, was ich tun will."

Hans Klein

Weitere Texte zu diesem Kapitel:

Doris und Eckart: „Der letzte Versuch", Seite 53
Christine Schwaiger: Der Scherbenhaufen meiner Träume, Seite 88
Marc: „Da war die riesige Angst, dass ihr euch scheiden lasst ..., Seite 25

„Der Tanz auf dem Vulkan"
Familie und Alkohol

Es ist, als lebte man auf einem Kriegsschauplatz: Kämpfe wechseln sich ab mit Scheinfrieden, ständig muss man auf der Hut sein vor verbalen Angriffen und Gewaltausbrüchen, muss mit permanenter Unsicherheit, Lügen und leeren Versprechungen leben, ein ständiges Wechselbad der Gefühle zwischen Lieben und Hassen verkraften, zwischen Versprechen und Vergessen, geborgen und verloren sein, beachtet und verachtet werden.

Das ist das Leben in einer Alkoholikerfamilie. Kein Wunder, dass dies Leben bei allen Beteiligten tief greifende Spuren hinterlässt. Können die wieder heilen, gibt es für solche Familien noch Hoffnung?

Die Geschichte von **Andrea und Rolf** und ihren Kindern Marc und Sandra kann da Mut machen.

Auch **Volker** findet nach Jahren selbstgewählter Isolation wieder Kontakt zu seinen Angehörigen.

Aber nicht immer steht am Ende einer Familiengeschichte ein „Happy End". Vom Scherbenhaufen ihrer Träume berichtet **Christine Schwaiger**.

„Ich freue mich auf jeden Tag mit dir!"
Andrea Pütz schreibt an ihren Mann

Mein geliebter Rolf!
Nun bist du schon sechs Monate wieder bei uns in der Familie. Ich möchte einmal in Form eines Briefes an dich die Zeit seit deiner Behandlung in Radevormwald bis heute, ein halbes Jahr danach, an uns vorüberziehen lassen. Wir haben uns während deiner Therapiezeit sehr viel geschrieben – daher ist mir das „Gespräch" mit dir in dieser Form sehr vertraut.

Nach deiner Entgiftung im Johanniterkrankenhaus begann deine Zeit im Curt-von-Knobelsdorff-Haus in der Abteilung Stationäre Motivation – das war mein erster Kontakt mit der Suchtfachklinik. Wir sahen uns in diesen Wochen mehrfach und ich wurde zum ersten Paargespräch eingeladen. Man erklärte uns die Therapie, einschließlich der Regeln und Voraussetzungen.

Ich war überrascht, dass ich dich von Anfang an besuchen durfte. Es gab auch keine Brief- und Telefonsperre, wie uns so viele Bekannte erzählt hatten. Ganz im Gegenteil, der Kontakt zur Familie wurde sehr unterstützt. Mir wurden gute Bücher empfohlen, die mich durch die weiteren Wochen begleiteten. Auf meinen Einwand, woher ich die Zeit zum Lesen nehmen sollte, kam der wichtigste Satz für mich von deinem Therapeuten: „Frau Pütz, Sie haben doch jetzt ganz viel Zeit für sich! Sie müssen doch jetzt nicht mehr auf Ihren Mann aufpassen!"

Deine Flucht vor tieferen Gesprächen

Dieser Satz klang in der Folgezeit wie Hohn in meinen Ohren, Rolf! Ich stellte unseren finanziellen Ruin fest, was zig Termine bei der Bank und der Schuldnerberatung forderte. Unsere Kinder brauchten viele Stunden Gespräche, um die letzten Jahre des Verlustes ihres Vaters aufzuarbeiten. Ebenso forderten unser Haus, Garten und Hund ihr Recht. Dich versuchte ich trotz allem durch tägliche Briefe und Telefonate in der Therapie zu unterstützen. Als mein Auto schließlich noch Totalschaden hatte, gab es in mir einen inneren Knacks. Ich bekam unheimliche Wut auf dich, Rolf!

Wegen all dieser vergeudeten Jahre und dass ich jetzt alles allein am Hals hatte, was du verbockt hattest! Außerdem sah ich, dass ich ohne dich viel besser mit meinem Leben klar kam. Dies ließ ich dich merken, indem ich nicht mehr täglich deinen Anruf erwartete, auch meine Briefe an dich, die du sowieso nur selten beantwortet hast, wurden weniger.

Ich fuhr zwar weiterhin jedes Wochenende zu dir nach Radevormwald, doch es waren oft sehr leere Stunden. Meist saßen wir umkreist von Mitpatienten, die mit uns sprachen. Du suchtest keinen ruhigeren Ort für uns beide. Es war deine Flucht vor tieferen Gesprächen.

Der Wendepunkt: Das Familiengespräch

Der Wendepunkt kam, als wir ein Familiengespräch hatten. Sandra, Marc und ich kamen mit sehr gemischten Gefühlen in die Klinik: Da waren gleichzeitig Angst (Was passiert?), Freude (Dich wieder zu sehen) und Wut (Warum hast du uns das alles angetan?).

Im Verlauf dieses Gespräches fanden wir den „roten Faden" unserer Familie wieder! Die Kinder konnten ganz offen zu dir sprechen. Und du hast ihnen ehrlich geantwortet, du beleidigtest nicht, du verletztest nicht und du unterdrücktest nicht mehr! Du warst fair, offen und du zeigtest deine Gefühle. Das alles kannten wir nicht mehr an dir, ja wir konnten kaum glauben, dass du dazu fähig bist. Und dies zeigte auch mir, dass verloren geglaubte Gefühle bei dir nur verschüttet waren. Sie mussten auf beiden Seiten wieder ausgegraben und gehegt werden. Damit fingen wir beide nun an!

Neuanfang nach zwanzig Ehejahren

Es war so wunderbar, zwanzig Jahre Ehe nicht wegzuschmeißen, sondern sie wieder aufleben zu lassen und neu zu beginnen. Unsere folgenden Treffen wurden von nun an viel intensiver, wir nahmen uns viel Zeit für uns!

Bald stand das Eheseminar an. Wir entschieden uns, in der Klinik zu übernachten, was uns sehr gut getan hat. Im Gegensatz zu mir warst du entspannt und neugierig. Ich aber hatte furchtbare Angst. Fremde Menschen sollten über unser Leben etwas erfahren? Aber es kam ganz anders. Wir konnten unsere bereits vorher geführten Gespräche weiter vertiefen. Es war wunderschön, mit dir im Gästezimmer bis weit nach Mitternacht zu reden und dich wieder neu zu entdecken. Ich hatte mit dir fünf wundervolle, aber auch sehr anstrengende Tage! Wie tat es uns beiden so weh, bei anderen Seminarteilnehmern Festgefahrenheit, Leid und fortgesetzte Lügen zu erleben.

Es ist einfach schön mit dir!

Fast ein halbes Jahr bist du inzwischen wieder zu Hause und doch entdecke ich jeden Tag aufs Neue, wie schön ein gemeinsames Leben mit dir wieder ist! Du bist ausgeglichen geworden und überraschst mich jeden Tag mit deiner Lebensfreude und deiner völlig neu gewonnenen Lebensanschauung. Wie gut tat uns beiden kürzlich die Urlaubswoche am Meer. Es war einfach traumhaft zu zweit. Das werden wir jetzt jedes Jahr machen, denn wir konnten uns damit doch prima über unsere beiderseitige berufliche Stresszeit hinweg trösten.

Dein Verhältnis zu Sandra und Marc ist einfach toll. Ihr kommt inzwischen super miteinander aus. Ich habe auch keine Angst mehr, wenn ihr drei alleine seid. Auch die pubertären Kriege bewältigst du souverän!

Und du übernimmst jetzt Verantwortung in der Lebensplanung, was ich ja seit zig Jahren nicht mehr von dir kannte.

Bis hierhin haben wir es beide geschafft und ich denke, den Rest packen wir auch!

In großer Liebe deine Andrea

Eckhard Grimm
Das schönste Weihnachtsgeschenk
Oder: Volkers neue Kleider

Es war kurz vor Weihnachten. Mit Volker K., einem Patienten aus dem Curt-von-Knobeldorff-Haus, war ich im Auto unterwegs zum Essener Weihnachtsmarkt.

Volker wollte dort seine Schwester suchen. Seit Jahren war sein Kontakt zu ihr und zu seinen übrigen Familienangehörigen abgerissen, weil er lange Zeit als Obdachloser auf der Straße gelebt hatte. Nicht einmal an die Adresse seiner Schwester konnte er sich noch erinnern, und auch seine intensiven Bemühungen, wenigstens ihre Telefonnummer herauszufinden, hatten keinen Erfolg gehabt. Er wusste nur noch, dass sie mit ihrem Mann immer einen großen Stand auf dem Essener Weihnachtsmarkt bewirtschaftete. Deshalb waren wir also losgezogen zur „Schwesternsuche auf dem Weihnachtsmarkt".

Angst und Vorfreude

Über eine Stunde hatten wir zu fahren. Grüblerisch starrte Volker vor sich hin. Ich spürte seine Anspannung und versuchte deshalb, ihn zum Sprechen zu ermutigen.

„Na, was denken Sie, was für Chancen wir haben?"

„Weiß nicht. Dieser Weihnachtsmarkt in Essen ist riesig."

„War der Stand Ihrer Schwester denn immer an derselben Stelle?"

„Ja, sie hatten jahrelang ihren Stammplatz. Kann sein, dass ich's wieder finde, kann aber auch nicht sein. Ist lange her, dass ich mal da war."

Volker versank wieder ins Schweigen. Dann setzte er noch einmal an: „Und wenn ich sie finde, weiß ich immer noch nicht, ob sie mich überhaupt sehen will. Vielleicht hat sie mich längst aus ihrem Gedächtnis gestrichen."

„Und vielleicht auch nicht", erwiderte ich.

„Ja, vielleicht auch nicht. Das wär' echt schön. Das tät' mich echt freuen, nach den vielen Jahren."

Die Last der Vergangenheit

Dieser Versuch, mit seiner Schwester wieder Kontakt aufzunehmen, war ein Riesenwagnis für Volker. Er wollte es eingehen, weil er immer sehr an seiner Schwester gehangen hatte, und weil er von ihr auch noch einmal etwas über seinen Vater hören wollte. Nach dem Tod der Mutter – Volker war da erst zehn Jahre alt gewesen – hatte es kein Familienleben mehr gegeben. Der Vater hatte alle Fotos von der Mutter entfernt und nie wieder über sie gesprochen. Volker und seine jüngeren Geschwister mussten mit ihrem Kummer allein fertig werden. Niemand half ihnen, niemand tröstete sie. Mit der Zeit war Volkers Erinnerung an seine Mutter so verblasst, dass er sich nicht einmal mehr ihr Gesicht vorstellen konnte.

Später hatte er sich dann heftig mit seinem Vater auseinander gesetzt, weil der bei jedem geringsten Anlass rigide Strafen verhängte und alles, was er für schwach hielt, gnadenlos verurteilte. Volker hatte sich von ihm immer wieder tief gedemütigt und erniedrigt gefühlt. Schließlich hatte er sich dem entzogen, indem er noch während seiner Lehre als Koch von zu Hause weggegangen und in ein Lehrlingsheim gezogen war.

Volker hatte dann versucht, sich sein eigenes Leben aufzubauen. Er hatte Erfolg in seinem Beruf und stieg bald zum gut bezahlten Spitzenkoch auf. Er fand eine Frau und heiratete und erlebte nun endlich, wonach er sich viele Jahre gesehnt hatte – Nähe und Geborgenheit in einer Familie.

Trotzdem kam er innerlich nicht zur Ruhe. Seine Ehe ging in die Brüche und der Alkohol wurde sein Tröster. Er versuchte mehrmals, eine neue Freundschaft zu einer Frau zu knüpfen, hielt es aber nie lange in einer Beziehung aus und wurde dabei zunehmend einsamer. Immer häufiger wechselte er nun auch den Arbeitsplatz, immer weiter glitt er ab, bis er eines Tages nicht einmal mehr eine Wohnung hatte und auf der Straße landete.

Als er sich schließlich zu einer Entgiftung bereit fand, war seine Gesundheit schon so schwer geschädigt, dass er den Entzug fast nicht überlebte. Er äußerte den Wunsch, zur anschließenden Entwöhnungsbehandlung in eine christliche Fachklinik zu gehen, weil er früher einmal bei Christen Nähe und Zuwendung erlebt hatte. So war er vor wenigen Wochen zu uns ins Curt-von-Kobelsdorff-Haus gekommen. Da hatte er nichts weiter besessen als die Kleidung, die er auf dem Leibe trug, und eine Plastiktüte mit ein paar Habseligkeiten.

Aber nun war er so weit, dass er sich wieder ins Leben hineinwagen und deshalb mit seiner Schwester neuen Kontakt aufnehmen wollte.

Lieber erst auf Abstand bleiben

Auf dem Weihnachtsmarkt angekommen, brauchten wir nicht lange zu suchen. Dort war er, der große, prächtige Konditorstand mit Mandel- und Quarkmutzen, Lebkuchen und anderen Konditorleckereien zur Weihnachtszeit und dem dazugehörigen Kaffeeausschank. Volker wollte erst noch ein wenig Abstand halten. „Dort ist sie", wies er zu einer Frau im mittleren Alter hinüber. „Die Frau mit den blonden Haaren. Und da ist auch mein Schwager."

Wieder arbeitete es in ihm. Wie würden Schwester und Schwager wohl reagieren, nachdem sie so lange keinen Kontakt mehr zu ihm gehabt hatten? Würden sie so tun, als kennten sie ihn nicht? Kämen vielleicht Vorwürfe, weil er sich jahrelang so vor ihnen verkrochen hatte? Verachteten sie ihn vielleicht wegen seiner Alkoholabhängigkeit? Zögernd ging Volker ein paar Schritte näher.

Plötzlich blickte seine Schwester auf, noch während sie einen Kunden bediente. Sie sah ihren Bruder an und erkannte ihn sofort. „Volker!", rief sie. „Was machst du denn hier? Mensch, das ist ja eine Überraschung! Gut siehst du aus."

Sie trat aus dem Stand heraus und umarmte ihren Bruder. „Das ist das schönste Weihnachtsgeschenk, das du mir machen konntest, dass du wieder auftauchst!"

Volker war überwältigt von diesem herzlichen Empfang. Er strahlte über das ganze Gesicht und stellte mich seiner Schwester vor. Sie begrüßte auch mich und bot uns Kaffee und Mutzen an.

Und dann begann Volker zu berichten. Wo er jetzt sei, dass er eine Alkoholentwöhnungsbehandlung mache und dass er dabei sei, sein Leben völlig neu aufzubauen. Sie wiederum erzählte ihm, wie sie jeden Abend an ihn gedacht hatte, wenn sie die Reste ihrer Tagesproduktion, die sie nicht verkauft hatten, an Obdachlose verteilte.

Therapie auf dem Markt

In der Zwischenzeit war auch Volkers Schwager dazugekommen. Schnell kamen wir ins Gespräch und dann ergab sich dort auf dem Weihnachtsmarkt, zwischen Glühweinständen, Mutzengebäckgeruch und Weihnachtsmusik, umgeben von dahineilenden Menschen, ein intensives, familientherapeutisches Gespräch. Die herzliche Aufnahme durch seine Schwester und seinen Schwager machte Volker Mut, auch nach seinem Vater zu fragen. „Wie geht's ihm denn so?"

„Schlecht", antwortete die Schwester. „Er sitzt im Rollstuhl und ist nur noch ein einsamer alter Mann."

„Im Rollstuhl? Das hätte ich nie gedacht. Das ist sicher nicht leicht für ihn. Wo er doch früher immer so hart war!"

„Ja, das stimmt, er war früher wirklich sehr hart – zu uns und auch zu sich selbst. Aber er hat sich verändert. Er ist nicht mehr so."

Volker drehte seinen Kopf zur Seite. Bei der Frage, die er jetzt stellte, wagte er nicht, seiner Schwester in die Augen zu schauen. Mit rauer Stimme setzte er an: „Und wie steht er zu mir? Spricht er noch von mir?"

„Ja, manchmal fragt er nach dir", antwortete sie ihm. „Nicht oft, aber manchmal. Und ich konnte ihm ja auch nichts von dir sagen, weil ich ja selbst nicht wusste, wo du steckst."

„Du meinst", sagte Volker und wandte sein Gesicht jetzt wieder seiner Schwester zu, „dass er doch noch manchmal an mich denkt? Dass ich doch noch bei ihm vorkomme?"

„Ja. Und manches von früher scheint ihm jetzt Leid zu tun. Es ist nicht so leicht für ihn, jetzt selbst schwach zu sein …"

„Ja, das kann ich mir vorstellen", sagte Volker nachdenklich. „Wo er doch jede Schwäche früher so gehasst hat. Und dass er noch an mich denkt – also das reicht mir schon. Mehr brauche ich nicht. Dann weiß ich wenigstens, dass ich noch irgendwie dazu gehöre."

„Und bei uns", sagte sein Schwager, „bei uns gehörst du richtig dazu. Wenn du es möchtest …"

Staunend schaute Volker von einem zum anderen. „Ja, möchte ich schon", antwortete er dann zaghaft.

Schöne Bescherung

„Also, wenn das so ist", sagte da seine Schwester resolut, um die allzu gefühlvolle Stimmung zu durchbrechen, „dann würde ich dir gern auch noch

Weihnachtsgeschenke kaufen." Sie musterte Volkers „Kleiderkammer-Ausstattung" und wandte sich dann an mich. „Haben Sie was dagegen, wenn ich Ihnen meinen Bruder jetzt für eine Stunde entführe? Ich würde ihm gern was Schönes zum Anziehen besorgen."

Natürlich hatte ich nichts dagegen. Eine Stunde später nahm ich einen völlig veränderten Patienten wieder in Empfang. „Sie sehen ja richtig schick aus!", sagte ich überrascht.

„Und das ist noch nicht alles", erwiderte Volker stolz und ließ mich einen Blick in seine pralle Einkaufstüte werfen. „Schauen Sie mal hier!"

Wenig später saßen wir wieder im Auto, um zur Klinik zurückzufahren. Volker war wieder sehr still. Ich konnte spüren, wie viel die Begegnung mit seiner Schwester und seinem Schwager bei ihm innerlich in Bewegung gebracht hatte. „Sie hat mich nicht vergessen", sagte er glücklich. „Sie hat immer an mich gedacht. Und sogar mein Vater fragt manchmal nach mir."

Einen letzten Höhepunkt erlebten wir, als wir abends wieder in der Klinik eintrafen und die Leckereien auspackten, die uns Volkers Schwester für die anderen Patienten mitgegeben hatte: Stollen und Mutzenmandeln und Lebkuchen und Spekulatius – alles in großen Mengen und bester Konditorqualität. Stolz stand Volker da in seiner schicken neuen Kleidung und teilte mit vollen Händen aus. Endlich einmal hatte er was zu geben und zu verschenken und konnte andere teilhaben lassen an seiner Freude und seinem Reichtum. Es war ein Fest für uns alle.

Neuen Kontakt zu seiner Schwester zu suchen, war für Volker ein großes Wagnis gewesen. Weil er dabei so gute Erfahrungen gemacht hatte, fand er den Mut, sich auch wieder auf andere Beziehungen einzulassen, zuerst zu seinen Mitpatienten und den Therapeuten und schließlich sogar zu dem, der ihn in all den dunklen und schwierigen Jahren, die er hinter sich hatte, nicht aus den Augen verloren hatte: zu Gott, seinem guten Vater im Himmel, der so ganz anders war als sein leiblicher Vater es gewesen war. Volker erlebte, dass Gott ihn verstand und ihn in all seiner Schwäche liebte.

Anregungen für das Gruppengespräch:
Impulsfragen:
- *Kenne ich auch bei mir „abgerissene Kontakte" in meiner Familie oder zu früheren vertrauten Freunden/Menschen?*
- *Habe ich den Wunsch, die Kontakte wieder anzuknüpfen? Was empfinde ich, wenn ich daran denke? Welche Schritte werde ich tun, um einen Neuanfang zu wagen?*

Christine Schwaiger

Der Scherbenhaufen meiner Träume

Ich war ungefähr fünfzehn Jahre alt, als in mir ein besonderer Wunsch auf-
kam. Ich träumte davon, einmal einen Mann zu heiraten, der an Gott glaubte, eine große Familie zu haben und – das Wichtigste – ich wünschte mir
ganz konkret, dass an unserem Tisch gebetet werden sollte.

Ich wusste zu der Zeit noch nicht viel von Gott, und ich habe auch so gut
wie nie gebetet. Trotzdem brachte ich diesen Wunsch ein einziges Mal
in einem Gebet zu Gott. Ich hoffte, dass er es zur richtigen Zeit erhörte und
erfüllte.

Tatsächlich traf ich etwa fünf Jahre später einen jungen Mann, der mir
durch seine interessanten Beiträge in den Gesprächen unserer Clique auf-
fiel. Schnell kamen wir uns näher und von ihm hörte ich zum ersten Mal,
dass man eine persönliche Beziehung zu Jesus Christus haben kann. Ich begann, das Gehörte in der Bibel nachzulesen und erkannte immer mehr, wie
sehr Gott mich liebt. Nach einiger Zeit lud ich deshalb Jesus ein, Herr meines Lebens zu werden. Zwei Jahre später heirateten wir und bekamen bald
danach unsere Tochter Petra.

Am Ziel meiner Träume

Meine Wünsche waren in Erfüllung gegangen und ich erinnerte mich an das
Gebet, das ich als fünfzehnjähriges Mädchen hoffnungsvoll zum Himmel
geschickt hatte. Ich war am Ziel meiner Träume. Gott hatte mein Gebet erhört.

Darüber hinaus hatte ich einen neuen, ewigen Sinn für mein Leben entdeckt und freute mich darauf, meinen Weg in den Fußstapfen Jesu zu gehen. „Nun kann nichts mehr schief gehen!" – so dachte ich.

Wir waren knapp zwei Jahre verheiratet, da begann für uns eine schwere
Zeit. Durch den Freitod meines Schwiegervaters kam in unseren friedli-
chen, sorglosen Alltag rauer Wind. Mein Mann ließ sich zu einem unglücklichen Abkommen mit seiner Mutter und seinen Schwestern drängen: Er
übernahm einen hochverschuldeten Bäckereibetrieb, der nach sieben Jahren Kampf dann doch in Konkurs ging. Die unausbleiblichen Folgen waren
die Zwangsversteigerung der Liegenschaften und unser Auszug aus dem
Haus.

Unerträgliche Belastungen

In dieser schweren Zeit zeigte sich immer mehr, dass mein Mann diesen außergewöhnlichen Anforderungen und Belastungen nicht gewachsen war. Er suchte zunehmend Erleichterung im Alkohol. Bald merkte ich, dass er immer mehr abhängig wurde. Ich machte ihn natürlich darauf aufmerksam und dachte nur an eine vorübergehende Krise, die wieder vergehen würde. Doch sein Alkoholkonsum stieg sehr schnell an und bald war er beinahe täglich betrunken.

Auch nach dem Konkurs änderte sich nicht viel an seinem Trinkverhalten. Er fand immer wieder einen Grund, sich „beruhigen" zu müssen. Es begann eine schlimme Zeit von immer wiederkehrenden Berg- und Talfahrten. Ich begann, mich mit einschlägiger Lektüre über Alkoholismus zu befassen. Auch versuchte ich mit Hilfe eines Arztes, meinen Mann zu einer Entzugsbehandlung zu bewegen. Doch er konnte sich nicht dazu durchringen.

Am Ende der Kraft

So vergingen dreizehn Jahre. In dieser Zeit wurden uns noch vier Kinder geschenkt. Kinder, die mir über die schwerste Zeit meines Lebens immer wieder hinweggeholfen haben. Es waren Jahre zwischen Hoffnung und Enttäuschung, liebendem Mitgefühl und ohnmächtiger Wut. Jahre voll von gebrochenen Versprechungen, halbherzigen Entzugsversuchen, ständig wiederkehrender Arbeitslosigkeit. Ein Stolpern von einer Krise in die nächste. Jahre des Schreiens zu Gott, meinem Vater: „Herr, bitte greife du doch ein! Ich kann nicht mehr!"

Schließlich war ich am Ende meiner seelischen und körperlichen Kräfte. Mir wurde klar, nun bin ich es, die Hilfe braucht. Mit der Zeit war ich in eine Co-Abhängigkeit geraten. Mit Lügen versuchte ich, meinen Mann nach außen hin zu decken oder zu entschuldigen. Oder ich versuchte, ihn vom Alkohol fernzuhalten, indem ich seine Flaschen versteckte. Ich hatte panische Angst davor, dass jemand von seiner Abhängigkeit erfahren könnte. Und ich tat alles, um nur ja meinen Mann nicht aufzuregen, damit er keinen Vorwand hatte, wieder zu trinken. Ich wollte verhindern, dass irgendetwas von all dem Schutt in unseren vier Wänden nach außen gelangte.

Die Kinder hatten viel zu leiden

Ich setzte mich mit dem Blauen Kreuz in Verbindung und bekam zum ersten Mal professionelle Beratung. Doch mein Zustand veränderte sich wenig. Die Auseinandersetzungen zwischen mir und meinem Mann waren nun schon fast alltäglich. Die Kinder litten zunehmend unter der Situation. Ich wusste, dass ich nun bald etwas unternehmen musste, damit wir nicht noch tiefer in diese teuflische Suchtspirale gezogen wurden.

Mittlerweile hatte sich unsere Situation durch einige unbegreifliche Aktionen meines Mannes weiter zugespitzt. Wir litten sehr unter seinem Kontroll- und Realitätsverlust. Ich bekam Angst um die Kinder; sie gingen ihm immer mehr aus dem Weg, nicht nur, wenn er zu viel getrunken hatte. Manchmal, wenn sie sich in ihre Zimmer zurückziehen wollten, ging er ihnen nach und nagelte sie mit sinnlosen, häufig sogar verletzenden Reden fest. Und das oft noch zur Schlafenszeit.

In dieser Phase meines Lebens schrieb ich mir mit folgendem Text den Frust und die Angst von der Seele:

Das leere Zimmer

In meinem Herzen ist ein Raum – für meinen Mann alleine. Lange Zeit meines Lebens war dieses Zimmer auch bewohnt: von meinem Mann, den ich liebe.

Eines Tages kam unerwarteter Besuch. Mein Mann nahm ihn als Freund an. Sein Name ist Alkohol. Immer öfter und immer länger verlassen sie gemeinsam das Zimmer in meinem Herzen. Auch heute ist das Zimmer wieder leer. Nur zwei Dinge sind darin:

Ein Bild – von meinem Mann; zur Erinnerung an Zeiten, in denen sein Freund noch nicht anwesend war.

Eine Schublade – gefüllt mit den Verletzungen und Enttäuschungen, welche mir mein Mann unter Einfluss seines Freundes zugefügt hat. Meistens ist diese Lade geschlossen. Doch manches Mal, wenn der „Freund" gar zu wild tobt, wird diese Lade wie von einer unsichtbaren Faust aufgestoßen und der gesamte Inhalt flattert wie vergilbte Fotografien durch die Luft und sie bedecken dann den Boden des leeren Zimmers.

Jedes Mal, wenn der Mann, den ich liebe, mit seinem Freund das Zimmer verlässt, ist es ein schmerzliches Abschiednehmen für mich, gepaart mit der Ungewissheit, ob und wann er zurückkommen wird.

Oft überfällt mich dann panische Angst. Sie treibt mich vor sich her und ich renne kopflos durch dunkle Tunnel, möchte mein Leben wegwerfen, bis mich eine bleierne Müdigkeit zur Ruhe zwingt. Manchmal packt mich auch eine ohnmächtige Wut, lässt mich ausrasten und unüberlegt reden und handeln. In meinem Inneren scheint ein loderndes Feuer zu brennen; meine Gedanken rasen wie zerstörerische Raketen durch den Kopf. Nichts begreife ich mehr. Nichts! Alle meine guten Vorsätze zerschellen wie an einem mächtigen Berg!

Langsam komme ich wieder zur Besinnung und fühle, wie ich, einer Feder gleich, sacht in die wärmenden Hände Gottes sinke. „Wie tief kann ich fallen? Nie tiefer als in Gottes Hand" – dieser Liedtext lässt mir jedes Mal die Stimme versagen und die Tränen aufsteigen. Er erinnert mich an die dunkelsten Stunden meines Lebens, aber auch an die Treue meines Heiland-Gottes Jesus Christus. Er sagt mir dann immer mit Matthäus 6,34: „Sorgt nicht für morgen ... es ist genug, dass ein jeder Tag seine eigene Plage hat."

Die Kraft so zu leben habe nicht ich; sie kommt jedes Mal wieder nur von meinem Herrn und Gott.

Scham und Verzweiflung

Meine Gesundheit ließ rapide nach, und ich begab mich in ärztliche Behandlung. Erschöpfungsdepression war die Diagnose. Innerhalb eines Jahres wiederholte sich dieser Zustand noch zweimal. Unendlich schwer fiel mir die Erkenntnis, dass meine Ehe kaputt war. Ich hoffte zwar auf ein Wunder von Gott, aber das sollte er so heimlich wie möglich schicken, damit ja nichts nach außen dringen konnte. Ich sprach nicht einmal mit meiner Mutter darüber, wie es bei mir zu Hause zuging. Ich schämte mich.

Endlich überwand ich die Angst, dass mir niemand glauben würde, und vertraute mich meinem Hausarzt an. An seiner entsetzten Reaktion merkte ich, dass er mich verstand. Er gab mir den Rat, mich sofort an einen Rechtsanwalt zu wenden und die Scheidung einzureichen. Seiner Meinung nach litt mein Mann an einer alkoholbedingten Psychose, und diese sei unheilbar. Obwohl ich mich mit dem Gedanken einer Scheidung nicht anfreunden wollte, machte ich mich doch auf den Weg zu einigen Beratungsstellen und bekam unabhängig voneinander überall den gleichen Rat – Scheidung.

Ich wollte nicht glauben, dass es für eine christliche Ehe keinen Weg zur Heilung geben sollte und vertraute mich dem Pastor unserer Gemeinde und seiner Frau an. Schweren Herzens erzählte ich von meinen Problemen und war über ihre Reaktion sehr überrascht. Was ich vorher nicht wusste – sie hatten schon Erfahrung in der Seelsorge mit Suchtkranken. Sie bestärkten mich in dem Gedanken, eine Entscheidung von meinem Mann zu fordern. Sie halfen mir dabei, indem sie eine Aussprache bei einem befreundeten eingeweihten Ehepaar arrangierten. Das Ziel dieser Aktion war, meinen Mann dazu zu bewegen, einer Suchttherapie zuzustimmen.

Ich hatte mittlerweile bereits das Scheidungsverfahren eröffnen lassen, um meinem Mann den Ernst der Lage vor Augen zu führen. Im Falle seiner Einsicht und der Einwilligung zu einer Behandlung wollte ich das Verfahren ruhen lassen. Doch er war sehr verstockt und fühlte sich, wie immer, ungerecht behandelt, verkauft und verraten, stand mitten im Gespräch auf und lief davon. Nun nahmen die Dinge ihren Lauf, und sechs Monate später waren wir geschieden.

Gescheitert?

Obwohl ich mich danach befreit fühlte, blieb doch der bittere Nachgeschmack des Versagens und Scheiterns. Der Entschluss, mich scheiden zu lassen, ist mir sehr schwer gefallen und hat mein Glaubensleben bis in die Grundmauern erschüttert. Nie hätte ich gedacht, dass meine Ehe, gegründet auf Gott und sein Wort, so enden könnte. Wenn ich früher von anderen Scheidungen gehört hatte, dann hatte ich manchmal sogar etwas abfällig gedacht: „Na ja, so weit kann es kommen, wenn man ohne Jesus lebt!" Wie dumm war ich doch! Nun saß ich da, gefallen von meinem hohen Ross der Selbstgerechtigkeit, gleichauf mit all den anderen Menschen, die an den Aufgaben des Lebens gescheitert waren.

Ich schämte mich, schämte mich vor Gott, vor meinen Kindern, vor meinen Freunden und Verwandten. Ich schämte mich, versagt zu haben, unabhängig davon, inwieweit ich selbst auch schuldig geworden war oder nicht. Ja, es war mir plötzlich gar nicht mehr so wichtig, Schuldzuweisung oder -aufteilung zu betreiben.

Gottes Erbarmen

Ein Lied von Philipp Friedrich Hiller drückt meine Gefühle zu jener Zeit aus: „Mir ist Erbarmung widerfahren, Erbarmung, deren ich nicht wert." Ja, durch das Erbarmen Gottes habe ich Vergebung erfahren.

Worin besteht nun meine Schuld? Ich kann es nicht konkret sagen. Mir ist einfach bewusst, dass ich meinem Gott und meinen Kindern gegenüber versagt habe. Denn auch wenn ich bis heute nicht weiß, was ich anders hätte machen können oder sollen, konnte ich doch das Scheitern unserer Ehe nicht verhindern.

In den zwei Jahren, die seither vergangen sind, habe ich unzählige Male Gott gedankt für die Ruhe und den Frieden, in dem ich jetzt mit meinen Kindern leben darf. Abgesehen von den alltäglichen Herausforderungen, denen ich als allein Erziehende mit fünf Kindern gegenüberstehe, gibt es wenige Schwierigkeiten. Mir liegt viel daran, dass sie regelmäßigen Kontakt zu ihrem Vater haben. Für mich war auch sehr wichtig, nicht den zerstörerischen Saft der Bitterkeit in mein Herz tropfen zu lassen, sondern ganz bewusst meinem Mann zu vergeben.

Trotz der Scheidung gilt für mich immer noch die Unauflöslichkeit der Ehe vor Gott. Diese Einstellung verstehen manche meiner Freunde nicht, aber ich weiß, dass Gott das so für mich will. Und ich traue ihm zu, dass er auch den verfahrensten Karren wieder in Gang bringen kann.

Anregungen für das Gruppengespräch:
Impulsfragen:
- *Welche Möglichkeiten hätte Christine gehabt, in der ersten Zeit ihrer Ehekrise noch etwas zu ändern?*
- *Trotz Kontakt zum Blauen Kreuz änderte sich bei ihr nichts. Was hätte ihre Situation erleichtern können?*
  Was hätte ich ihr geraten, in dieser Krise zu tun?
- *Inwiefern kann ich Christines Einstellung nach ihrer Scheidung verstehen – oder nicht?*

Weitere Texte zu diesem Kapitel:
Silke Morlang: „Weihnachten war immer das Schlimmste!", Seite 29
Dieter: „Bitte, lieber Gott, mach, dass er nicht reinkommt", Seite 27

„Hilfe – ich bin wie mein Vater!"
Erwachsene Kinder von Suchtkranken
finden ihren eigenen Weg

„Ich hatte mir geschworen, nie so ein Trinker wie mein Vater zu werden, einer, der nur redet und nichts anpackt. Aber wenn ich jetzt über mein Leben nachdenke, dann merke ich, dass ich eigentlich der Gleiche bin wie er", stellt Claus, vierunddreißig Jahre alt, mit großer innerer Betroffenheit beim Familienseminar in unserer Fachklinik fest.

Anderen Seminarteilnehmern ergeht es ähnlich. Dass sie in einer Alkoholikerfamilie aufgewachsen sind, hat tief greifende Spuren in ihrem Leben hinterlassen: Depressionen, Essstörungen, chronische Magenbeschwerden, Angstzustände und Ähnliches mehr.

Dazu kommt, dass sie es schwer haben, aus den in der Kindheit erlebten Strukturen herauszukommen: Zweiundfünfzig Prozent aller Alkoholabhängigen stammen aus Alkoholikerfamilien und etwa sechzig Prozent der nicht abhängigen Frauen, die mit einem Alkoholkranken verheiratet sind, hatten einen alkoholabhängigen Vater.

Sabine, siebenundzwanzig Jahre, **Anita**, einundzwanzig Jahre, und **Pia,** siebenunddreißig Jahre, beschreiben eindrucksvoll den engen Zusammenhang zwischen den Erfahrungen in ihrem Elternhaus und ihrer daraus folgenden Entwicklung.

Sabine
„Ich war wie meine Mutter"

Wie oft habe ich während der Trinkzeit meines Vaters meiner Mutter geraten, sich von Vater zu trennen oder sich scheiden zu lassen! Manchmal habe ich sie auch angefleht. Dann drohte ich wiederum, dass ich aus dem Haus gehen würde. Eines Tages ging ich wirklich. Nein, ich ging nicht, ich warf mich in die Arme eines Mannes. Bei ihm fühlte ich mich verstanden. Seine Mutter trank, war alkoholabhängig. Auch in seinem Elternhaus ging es drunter und drüber. Wir hielten es beide zu Hause nicht mehr aus. Wir nahmen uns gemeinsam ein Zimmer, später eine kleine Wohnung.

Wir verstanden uns gut, denn wir hatten ja ähnliche Erfahrungen im Elternhaus gemacht und waren beide enttäuscht vom Elternhaus. Wir sprachen viel darüber. Wir hatten uns vom Elternhaus abgeseilt. So gaben wir wenigstens vor. Insgeheim aber waren wir innerlich mit unseren Eltern beschäftigt, ich mit meinem Vater, er mit seiner Mutter. Ich schlich abends des Öfteren am Elternhaus vorbei. Ich war zu stolz, um hineinzugehen. Es hätte ja sein können, dass ganz zufällig jemand rauskam und wir uns so begegneten. Im Grunde hatte ich ein schlechtes Gewissen, dass ich von zu Hause weggegangen war, besonders Mutter gegenüber. Nun konnte ich sie nicht mehr schützen, wenn Vater sie bedrohte oder gewalttätig wurde.

Mein Freund und ich wollten es ganz anders machen als unsere Eltern. Wir wollten ihnen zeigen, wie man richtig zusammenlebt. Wir wollten bald heiraten und einander auch durch die Heirat bestätigen, dass wir untrennbar zueinander gehörten. Zum Glück haben wir doch nicht so schnell geheiratet, denn es kam ganz anders.

Natürlich hatten wir auch so etwas wie Flitterwochen, wo das Sexuelle doch sehr im Vordergrund steht. Hier gab es schon die ersten Enttäuschungen. Mein Freund wollte Sex und noch mal Sex, und ich wollte in den Arm genommen werden, wollte mich an ihn anlehnen. Das aber mochte er nicht so sehr. Er kam schnell zu seiner sexuellen Befriedigung und ich ging leer aus. Ich war auch irgendwie verklemmt, konnte mich nicht hingeben. Ich fühlte kaum etwas. Nach und nach kam ich mir vor wie benutzt. Auch verlangte er von mir sexuelle Praktiken, auf die ich nicht eingehen wollte. Sie waren nur auf seinen Genuss abgestimmt, mir waren sie zuwider. Er entpuppte sich zu einem richtig geilen Typ.

Und dann seine Anspruchshaltung. Er wollte rundum von mir versorgt werden. Das war zunächst für mich selbstverständlich. Nach und nach machte mich das aber wütend. Wo blieb denn ich? Immer nur geben, geben, geben! Nach einer heftigen Auseinandersetzung stellte ich eines Morgens fest, dass ich war wie meine Mutter. Ich ließ mich ausnutzen, in jeder Beziehung. Ich war bedient! Ich trennte mich von meinem Freund und nahm mir eine eigene Wohnung. Nun suchte ich den Kontakt zu meiner Mutter – und fand ihn. Mit ihr konnte ich jetzt über alles sprechen. Ich hatte zum ersten Mal das Gefühl, dass wir uns richtig verstanden, dass wir als erwachsene Frauen miteinander reden konnten. Auch heulten wir uns zusammen aus.

Von da an veränderte sich auch meine Mutter. Sie drohte meinem Vater nicht mehr, sondern stellte ihn vor die Entscheidung. Auch übernahm sie für ihn keine Verantwortung mehr, sondern überließ ihn seinem Schicksal. Das war für Mutter sehr schwer, und sie suchte Halt bei mir. Sie wollte nicht immer wieder rückfällig werden. Vater hatte sich angewöhnt, sie nicht mehr ernst zu nehmen. Ihre Drohungen gingen bei ihm zum einen Ohr rein und zum anderen raus. Er konnte regelrecht sein Spiel mit ihr treiben. Nun wurde es anders. Woher Mutter die Kraft dazu nahm, weiß ich nicht. Nur weiß ich, dass sie am Ende war mit ihren Kräften und mit ihren Möglichkeiten, wie ich auch. Das hat bei ihr über zwanzig Jahre gedauert.

Ich habe mich weitergebildet, neue Interessen gewonnen, Zugang zu Gruppen bekommen, in die ich mich als Kind nicht reingewagt hätte. Was hatte ich damals doch für Komplexe, die ich allerdings meistens meisterhaft überspielen konnte! Heute habe ich das gute Gefühl, dass ich wer bin.

Ich denke heute, nachdem ich mich in vielen Kursen und Seminaren mit dieser Problematik auseinander gesetzt habe, dass Mutter, diese schwache Frau, diesen schwachen Mann gebraucht hat. Sie wollte ihm auch gar nicht zur Selbstständigkeit helfen, soweit das in der Ehe möglich ist. Mutter bezog ihren Selbstwert aus ihrer Aufopferung, ihrem Märtyrerdasein. Das bezeichne ich als ihre Unreife. Sie war von Vater und der Sorge für ihn genauso abhängig wie Vater von der Flasche. Und Vater war von ihr abhängig. Ich glaube, als er richtig in der Sucht steckte, war Mutter als Person für ihn recht unwichtig. Er hätte sie austauschen können gegen jede andere Frau, wenn sie nur Mutters Rolle übernommen hätte. Es klingt vielleicht hart, aber sie war zu einer auswechselbaren Lieferantin geworden.

Das war das Paradoxe bei uns: Mutter war für mich und meine Geschwister unser Halt. Um sie scharten wir uns, an sie klammerten wir uns. Ohne sie wären wir verloren gewesen. Vater hasste ich, verachtete ihn, weil es mir die Schamröte ins Gesicht trieb, einen solchen Trinkervater zu haben. Und doch war er die eigentliche Mitte, um die sich alles drehte, auf die wir

Rücksicht nehmen mussten. Er begleitete mich in meinen Gedanken in die Schule, war dort und nahm mir die Konzentration beim Lernen. Ja, bis in die Träume verfolgte mich dieser Vater.

Es ist schwer auszudrücken, dieses Durcheinander der Gefühle, das ich erlebte. Ich bin sicher, viele Kinder aus Alkoholikerfamilien werden mich verstehen. Ich war völlig durcheinander, hilflos, ratlos. Ich verstand auch Mutter nicht. Sie hätte uns aus diesem Teufelskreis der Gefühle befreien können, indem sie sich von Vater trennte. Letztlich jedoch weiß ich, dass damit das Problem nicht gelöst worden wäre.

Ein räumlicher Abstand hätte uns vielleicht die Möglichkeit zum Nachdenken gegeben. Ich weiß jedoch auch, dass wir, und besonders meine Mutter, Hilfe brauchten, um klarzukommen, um nicht wieder rückfällig zu werden. Wie ich inzwischen weiß, geht es den meisten Angehörigen so.

Wenn ich mich damals, nach den Erfahrungen mit meinem Freund, nicht geändert hätte, ich glaube, der nächste Freund wäre nicht viel anders gewesen. Das sehe ich an meinem Bruder, der von einer unglücklichen Beziehung in die andere stolpert. Hoffentlich kommt er auch noch zur rechten Einsicht und ändert sich. Es hilft nichts, wenn sich nur die Umstände ändern, das weiß ich. Man muss sich selbst ändern.

Anita
Unsere „Schon-Mutter"

Mutter war fünf Tage zum Ehefrauenseminar, hatte einige Ehepaargespräche, wusste vieles über ihre „Schon-Rolle" – und doch kam sie nur ganz schwer los von ihr. Das sah bei uns so aus: Mutter hat das Mittagessen zubereitet. Sie hat den Tisch gedeckt. Wir wollen essen. Klaus, mein jüngster Bruder, stellt fest, dass ein Vorlegelöffel fehlt. Er macht auch Anstalten, ihn zu holen. Wie immer in solchen Situationen sagt dann Mutter: „Lass mal, ich hol ich schon." Bei anderen Gelegenheiten: „Mache ich schon", „besorge ich schon", „gehe ich schon", „laufe ich schon", „erledige ich schon", „bin ich schon gewesen", „habe ich schon gemacht" und so weiter.

Das, was sie für uns tut, sieht so selbstlos aus. Doch gewinnt sie aus dieser „Nächstenliebe" Kontrolle und Macht. So sehe ich es jedenfalls. Wenn ich mich widersetze, ist Mutter beleidigt, versteht mich nicht, hält mich für undankbar. Ich bekomme dann ein schlechtes Gewissen. Wenn sie nur begreifen würde, wie sehr sie mir mit dieser „Schon"-Rolle auf den Keks geht!

Inzwischen weiß ich, dass Mutter schon in ihrem Elternhaus in diese Rolle hineingekommen ist. Ihre Mutter lebte sie ihr vor und erwartete sie von ihr als der ältesten Tochter. Mein Opa war ein lieber Mann, aber ein ausgesprochener Pascha, um den sich alles drehte. Er trank nicht, aber er war der Mittelpunkt. Oma lebte nur für ihren Mann und die Kinder. Sie meinte später, meine Mutter kümmere sich zu wenig um meinen Vater. Das wäre der Grund seines Trinkens.

Nun zu mir. Obwohl ich ganz anders sein wollte als Mutter, habe ich diese „Schon"-Rolle zum Teil übernommen. So ging es mir mit meinem ersten Freund. Das war ein verwöhntes Bübchen, er erwartete diese „Schon"-Rolle von mir. Und ich fuhr voll darauf ab. Ich fühlte mich zunächst dabei auch pudelwohl. Ich hatte das Leitbild meiner Mutter so verinnerlicht, dass ich gar nicht merkte, wie ich von meinem Freund ausgenutzt wurde.

Ich nehme an, dass das Wort „schon" von „schonen" kommt: Ich will dich schonen, darum gehe ich schon, mache ich schon. Ich denke, dieses Schonen ist Verwöhnen, Kleinhalten und auch Abhängighalten.

Das sehe ich auch bei meinem Bruder Klaus. Er braucht nicht zu lernen, sich einzusetzen, für andere da zu sein. Er wurde zum regelrechten Egoisten erzogen und ist völlig hilflos, seine Sachen selbst zu erledigen. Seine Freundinnen sind immer Typen, die alles für ihn tun. Hinzu kommt, dass er ein hübscher Kerl ist. Er kann diese Mädchen um den Finger wickeln, ohne dass sie es merken. Seine jetzige Freundin würde, wenn es ginge, für ihn in die Vorlesung gehen, nur damit er ausschlafen kann. Eine dumme Gans! Pardon, das war ich ja auch.

Nach der Rückkehr meines Vaters aus der Therapie gab es bald erhebliche Auseinandersetzungen zwischen den Eltern. Sie stritten viel, aber aus einem anderen Grund als damals, als er noch trank. Es waren keine alkoholbedingten Streitereien. Es ging jetzt um die Sucht meiner Mutter, „die heimliche Sucht, gebraucht zu werden". Diesen zutreffenden Ausdruck hörte ich neulich, und um genau das geht es bei meiner Mutter. Vater ließ sich das „mach ich schon, lass mal, erledige ich schon" und so weiter nicht mehr gefallen. Mutter muss zunächst gedacht haben, sie mache jetzt alles verkehrt und strengte sich noch mehr an. Sie wollte ihm noch mehr abnehmen. Sie kam mit sich selbst nicht mehr zurecht. Sie lief blass und unschlüssig herum. Vielleicht kann man auch so sagen: Sie litt unter Entzugserscheinungen.

Ein anderer Streitpunkt war mein Bruder. Mutter tat jetzt noch mehr für ihn. Das war Vater nicht recht. Mein Bruder wohnte zu Hause und ging von dort zur Uni. Mutter versorgte ihn rundum. Nur essen und laufen musste er noch selbst. Ich verstand Vaters Kritik, konnte aber aus eigener Erfahrung nachfühlen, wie schwer es ist, aus dieser Rolle auszusteigen.

Manchmal dachte ich, ich kümmere mich am besten nicht mehr um Vater und Mutter. Ich war nämlich zwischen ihnen beiden hin- und hergerissen. Das belastete mich sehr. Aber ich merkte, dass Mutter von mir mehr annahm als von Vater. Ich dachte, Mutter brauche neue Aufgaben und Interessen. Wir sprachen darüber. Langsam begann sie, sich umzustellen. Seitdem geht es mit den Eltern besser. Sie kommen besser miteinander aus. Vater muss aber auch heute noch lernen, mit der Mutter mehr Geduld zu haben.

Eigentlich hätte Mutter für diese Umstellung genau wie Vater eine Therapie gebraucht. Vater war wieder einmal im Vorteil. Zum Glück gibt es in unserer Stadt eine Gruppe für Frauen, deren Männer eine Abhängigkeitsproblematik hatten. Dort geht sie auch heute noch hin.

Sorgen mache ich mir um Klaus, unseren „Strahlejungen". Noch läuft bei ihm alles wie am Schnürchen. Er ist ein intelligenter Bursche. Für die Uni braucht er nicht viel zu lernen. Zu Hause erlebt er, dass unsere „Schon"-Mutter jetzt mehr auf Sparflamme fährt. Aber er findet immer wieder „Ersatzmütter", die ihn so versorgen, wie er es haben möchte. Ich habe mit ihm offen darüber gesprochen. Gut finde ich, dass Klaus nicht so bald heiraten will. Vielleicht hat sich bis dahin so manches bei ihm geklärt.

Es wäre gut für ihn und auch für Mutter, wenn er sich bald ein eigenes Zimmer nehmen und lernen würde, sich selbst zu versorgen. Ich glaube, er weiß nicht einmal, wie viel Brot, Fleisch und die anderen Lebensmittel kosten, auch nicht, wie hoch der Strompreis ist und vieles andere, das zum Leben gehört. Ich wünsche ihm, dass er lernt, selbstständig zu werden – forsch auftreten ist für mich noch keine Selbstständigkeit.

Als Vater in die Suchtklinik ging, ahnte keiner von uns, dass wir alle in einen Veränderungsprozess hineinkommen würden. Doch das finde ich gut. Zum Glück gibt es Möglichkeiten, aus seinen Erfahrungen zu lernen und sich zu ändern. Dafür müssen uns aber die Augen geöffnet werden. In der Regel bleibt man alleine blind. Man braucht Menschen, die einen auf diesem Weg begleiten. Ich sehe heute einiges anders und hoffentlich richtiger.

„Ich könnte ein Buch über unsere Familie schreiben"

In den letzten Wochen ist mir erneut klar geworden, wie wichtig der eigene Wille zur Abstinenz ist – und den hatte mein Vater leider, leider nicht mehr. Das hat er uns als Familie oft zu verstehen gegeben – selbst während seiner Therapie. So begann ich damals schon daran zu zweifeln, dass Vater seine Probleme in den Griff bekommt. Nur wagte ich nicht, es auszusprechen.

Meine Gefahr, abzurutschen

Jetzt – zehn Jahre später, wird mir erst so richtig bewusst, welche Wunden diese Erlebnisse in mir gerissen haben. Sie haben mein Leben geprägt mit allen Höhen und Tiefen.

Mein Vater hat sich totgesoffen. Als er starb, war ich siebenundzwanzig Jahre alt. Eigentlich habe ich bis heute weder den Tod von Vater noch den Krebstod meiner Mutter richtig verarbeitet. Die Gefahr abzurutschen ist bei mir immer gegenwärtig. Gerade in solchen Stunden denke ich viel über meinen Vater nach, über sein Leben, sein Verhalten und die schlimmen Konsequenzen. Wie oft kommt mir dann in den Sinn: „Ist doch alles egal, ich will nicht mehr, wozu das alles?" Ich brauche selbst dringend Hilfe!

Unser Familiendrama

Wir sind eine große Familie, doch entweder zerstritten, verheuchelt oder verlogen.

Die Familie väterlicherseits hat sich schon immer von uns distanziert. Großvater war fest davon überzeugt, dass Mutter und wir Kinder daran „schuld" waren, dass Vater gesoffen hat. Diese Sicht hat er an die restlichen Familienmitglieder weitergetragen. Niemand wollte dann mehr etwas mit uns zu tun haben. Dabei haben Opas Vater und auch dessen Vater alle gesoffen wie die Löcher und ihre Familien ohne Ende schikaniert.

Heute bin ich davon überzeugt, dass sich der Alkoholmissbrauch wie ein roter Faden durch unsere Familiengeschichte zieht.

Aber auch in der Familie meiner Mutter ist einiges im Argen. Sie sind ebenso verlogen bis auf die Knochen, alles Verhalten ist geheuchelt. Als meine beiden Schwestern eine Psychotherapie machten, habe ich schmerzlich erfahren, dass beide im Alter von neun und zehn Jahren von meinem Opa vergewaltigt worden sind. Das war ein Schock für mich. Für mich brach eine Welt zusammen. Als ich davon erfuhr, bin ich wie angestochen wochenlang durch den Tag gerannt. Ich wollte, dass mein Opa mir Rede und Antwort steht, dieses Schwein! Doch es ist zwecklos. Oma und Opa sind inzwischen weit über achtzig und warten nur noch darauf, dass es zu Ende geht.

Ich habe Angst

Ins Leben meiner Schwestern ist Dank der gelungenen Therapie inzwischen Ruhe eingekehrt. Der Weg dahin war sehr schwer für sie. Ich habe den Neubeginn noch vor mir und ich habe Angst davor. Ich weiß nicht, was noch alles auf mich zukommt und wie ich mit den neuen Erfahrungen umgehen werde. Eines weiß ich jedoch mit Sicherheit: Wenn der Moment kommt, wo ich von dieser Erde einmal Abschied nehmen muss, möchte ich mit Freude gehen, weil ich weiß, dass ich mein Leben gelebt und genossen und nicht einfach weggeschmissen habe.

Mit dem Tod meiner Eltern ist ein großer Brocken ins Rollen gekommen. Ich sehe hierin auch etwas Positives. Uns Kindern ist die Möglichkeit gegeben worden, dem unseligen Schweigen ein Ende zu setzen. Und wir nehmen diese Chance dankend an.

Wären meine Eltern offener gewesen, mehr aus sich herausgegangen, dann hätten sie es einfacher gehabt. Doch aus Angst, ihre angeblich „heile Welt" könnte zerstört werden, ließen sie niemand in ihr Inneres schauen. Lieber zerstörten sie sich selbst – Vater hat sich totgesoffen und Mutter hat sich vom Krebs zerfressen lassen. Das war ihr Leben.

Ich darf nicht klagen

Eigentlich darf ich mich nicht beklagen, denn ich habe einen Job, eine Wohnung auf dem Lande, einen Freund, der in allen Lebenslagen bisher zu mir gestanden hat, weitere Freunde, auf die ich mich verlassen kann, eine Nichte von drei Monaten, die mein ganzer Stolz ist – aber ich bin trotzdem unzufrieden und nicht glücklich. Ich komme mit meinem Leben nicht gut klar und der Tod meiner Eltern sitzt mir noch so tief in den Gliedern, dass ich es nicht mehr allein geregelt bekomme.

Ich bin mir seit einiger Zeit darüber im Klaren, dass ich vieles verdrängt habe, nicht wahrhaben wollte und immer nach Ausreden gesucht habe, um

Entschuldigungen für meine Beschwerden zu finden. Bloß nicht über mich selbst, über das eigene Leben nachdenken.

Alarmsignale

Ich ertappe mich jetzt oft dabei, dass ich aus Verzweiflung viel Alkohol trinke. Das macht mich ausgeglichen und lustiger. Aber am nächsten Tag geht es mir dann umso schlechter. Dann sehe ich die Parallele zum Verhalten meines Vaters und sage mir: „Nein, so will ich es eigentlich nicht machen!"

Andererseits denke ich in meinem tiefsten Inneren: „Papa, ich verstehe dich ja – wenn gar nichts mehr geht, dann greif zur Flasche, das ist ja so einfach!" Doch gleichzeitig wird mir immer häufiger bewusst: Das kann und soll nicht die Lösung sein. Es ist ein Teufelskreis.

Ich werde es schaffen!

Ende letzten Jahres ging es mir so schlecht, dass ich glaubte, den Boden unter den Füßen zu verlieren. Nach verzweifelter Suche, ob meine Beschwerden organisch verursacht sind, entschied ich mich endlich für eine psychosomatische stationäre Behandlung. Das wird ein langer und harter Weg, aber ich möchte ihn gehen – im Gegensatz zu meinem Vater, der zwar um des lieben Friedens willen die Therapie über sich hat ergehen lassen, sie aber innerlich gar nicht wollte. Ich bin bereit, der Wahrheit und den Gefühlen ins Auge zu sehen. Lange genug habe ich alles in mich reingefressen. Ich will mein Leben nicht so einfach wegschmeißen wie eine leere Flasche.

Und ich werde es schaffen, daran glaube ich!

Anregungen für das Gruppengespräch:
Impulsfragen:
● *Was hat mir meine Familie bedeutet?*
● *Welche Prägungen bringe ich mit?*
● *Wie ist meine gefühlsmäßige Beziehung zum Vater und zur Mutter?*
● *Was hätte ich mir anders gewünscht?*
● *Was würde ich Vater und Mutter heute am liebsten sagen? Was blieb bisher noch ungesagt? (Versuche es in direkter wörtlicher Rede auszudrücken!)*

Ein weiterer Text zu diesem Kapitel:
Sabine Doppel: „Ich habe meinen Vater gehasst ... ", Seite 125

„Ich habe es überlebt"
Sexueller Missbrauch und Sucht

Untersuchungen belegen, dass jedes dritte bis vierte Mädchen und jeder siebte bis achte Junge sexuell missbraucht wurde. Unter Anwendung körperlicher und psychischer Gewalt wurden sie in sexuelle Handlungen hinein gezwungen und meist mit massiven Drohungen zum Stillschweigen darüber verpflichtet. Gefühle von Angst, Scham, Wut, Demütigung, Ekel und äußerster Hilflosigkeit sind die Folge. In späteren Jahren versuchen viele Missbrauchsopfer, dies mit Alkohol oder Drogen zu betäuben und geraten so in die Sucht.

Um ihnen angemessene Hilfe zu geben beziehungsweise zu vermitteln, brauchen Helfer außerordentliche Sensibilität und Einfühlung in das emotionale Chaos der Opfer. Da sexueller Missbrauch den ganzen Menschen, also Körper, Seele, Geist und seine sozialen Beziehungen ergreift, ist dabei eine enge Zusammenarbeit mit Fachleuten aus Medizin, Recht, Psychologie, Theologie und Sozialarbeit unerlässlich. Ein Alleingang der Suchthilfe reicht hier nicht aus.

Zwar geschieht es in vertrauensvoll arbeitenden Suchtselbsthilfegruppen immer wieder, dass sich Missbrauchsopfer öffnen möchten, doch gilt es hier vorsichtig zu sein. Einerseits sollte der verantwortliche Gruppenleiter das vom Betroffenen in die Gruppe eingebrachte Vertrauen deutlich würdigen, andererseits jedoch auch zu ihrem bzw. zu seinem Schutz ermutigen, das Thema vorrangig in das Einzelgespräch hineinzunehmen und Fachleute hinzuzuziehen.

Viele Jahre hatte **Hanna** sich nicht mehr an das dunkle Geheimnis ihres Missbrauchserlebens erinnern können. Als es ihr dann eines Tages wieder zum Bewusstsein kam, war ihre größte Sorge: „Was passiert, wenn mein Mann das erfährt?"

Auch **Christine** hütete ihr Geheimnis über lange Jahre. Sie wurde alkoholabhängig. Bohrende Schuldgefühle, unerbittliche Selbstanklagen, Wut, Hass und innere Zerrissenheit wurden immer unerträglicher.

Nina beschreibt „das Gefühl der Angst".

Hanna und Heinz
„Nur keine Tochter!"

Viele Jahre schleppte Hanna ein dunkles Geheimnis mit sich herum. Es war so schlimm, dass sie sich selbst nicht mehr daran erinnern konnte. Aber es hatte verhängnisvolle Auswirkungen auf sie selbst, auf ihre Ehe und ihre Familie.

Schon Jahre bevor Hanna ihren Mann kennen lernte, war ihr klar, dass sie zwar gern Kinder haben wollte, aber keine Tochter. „Es lag nicht daran, dass ich Mädchen nicht mochte", erzählte sie, „nein, sie gefielen mir gut mit ihren pfiffigen Stupsnasen, den Locken, den großen Augen und den süßen Kleidchen ... Aber das war es eben. Mädchen sahen so hübsch aus, und dann war vielleicht mit einem Mal alles aus. Kurz, Jungs waren mir dann schon lieber, die waren robuster und man musste nicht ständig um sie Angst haben."

Wir hätten ein glückliches Paar sein können

Für Heinz war es kein Thema, ob seine Frau Hanna einen Jungen oder ein Mädchen zur Welt bringen würde. Er war verliebt, verlobt und der Hochzeitstermin rückte endlich näher.

Er erzählt: „In Hanna fand ich eine gut aussehende Frau, die wusste, was sie wollte – meistens. Wir hatten viele gemeinsame kulturelle und sportliche Interessen. Kurz nach unserer Hochzeit bauten wir damals noch am Stadtrand unser Haus. Der Bau und mein Beruf füllten mich ganz aus.

Anfangs fiel es mir kaum auf, dass Hanna in meiner Abwesenheit immer wieder aus unserem Weinkeller Flaschen entwendete. Aus Wein, überhaupt aus Alkohol mache ich mir nichts. Hellhörig wurde ich aber, als Hanna mehrere Unfälle im Haus hatte: Einmal war sie die Treppe hinuntergestürzt, einmal hatte sie sich mit der Brotmaschine geschnitten, dann war sie von der Leiter gefallen usw. In unserer Beziehung wurde es auch immer kälter. Auf meine Fragen wich sie mir aus, unsere Gespräche kreisten nur noch um die Kinder, das Haus, das Auto und den Garten. Schon lange waren wir uns körperlich fremd geworden. So machte ich lieber Überstunden, als mich mit ihr zu streiten.

Unsere Kinder spielten auch irgendwie verrückt

Unser Ältester, der Kai, der ging ja noch einigermaßen. Der büffelte wie ein Wilder, obwohl er für sein Abi noch drei Jahre Zeit hatte. Außerdem packte er plötzlich im Haushalt mit an. Mir war es recht, dass er seiner Mutter half, ich war ja zur Arbeit.

Bei unserem Bernd kannte ich mich bald überhaupt nicht mehr aus: der wurde so frech, war gegen alle und gegen alles. Wenn er dann schlechte Laune hatte, und das kam oft vor, dann gab es schon mal Scherben. Bei ihm ist mir oft die Hand ausgerutscht. Das tat mir dann auch wieder Leid. Warum Bernd dann in der Schule so abgesackt ist, wusste ich auch nicht. Dumm ist der nicht, aber schrecklich faul.

Und Angelika, unsere Tochter, die jüngste, die war mein ganzer Sonnenschein. Wenn ich ihr beim Spielen zugesehen habe und sie dann auf mich zulief, mir einen dicken Kuss gab und mich anstrahlte, dann wusste ich wieder, wofür ich arbeitete. Manchmal aber machte ich mir auch Sorgen um Angelika, besonders dann, wenn sie sich mit ihrem traurigen, verlorenen Blick ohne ein Wort in ihr Zimmer zurückgezogen hatte."

Den Stoff als Lösungsmittel eingesetzt

„Für mich", fuhr Hanna fort, „war alles verfahren. Ich liebte Heinz, aber ich konnte mit ihm nur wie Bruder und Schwester zusammenleben. Mit etwas Wein intus versuchte ich, meine Hemmungen und Bremsen zu überwinden, aber es wurde immer schlimmer. Dann schämte ich mich furchtbar. Das konnte ich auch nicht ertragen. Ich war hin- und hergerissen, dann trank ich wieder etwas. Ich versagte als Ehefrau und Mutter und schämte mich mehr und mehr vor den Kindern. Die unsichtbare Wand zwischen mir und meiner Familie wurde immer dicker."

In der Gruppe trocken geworden

Mit viel Herzklopfen ging Hanna zum ersten Mal in die Blaukreuz-Gruppe. Nach einigen Monaten schaffte sie es mit Hilfe der Gruppe, trocken zu werden. Die Gruppe war für sie ein wichtiges Sprungbrett, aber in ihrer Ehe und Familie stand noch eine unsichtbare Wand, so dass sie es kaum schafften, einander auf emotionaler Ebene gelassen zu begegnen.

Der Vulkan bebt

Eines Tages brachte Hanna von der Gruppe einen Freizeitprospekt des Blauen Kreuzes mit, in dem therapeutische Seminare für die ganze Familie angeboten wurden. Heinz fährt fort: „Ich fand es zwar schön, dass meine Frau jetzt trocken war, dass sie also dieses wichtige Etappenziel erreicht hatte, aber das kann doch nicht alles gewesen sein, dachte ich. Der Ausdruck von Gefühlen und der Austausch von Zärtlichkeiten zwischen ihr und mir hatte nur noch Gefrierschrankcharakter. Nein, so wollte ich nicht weiterleben. Gemeinsam mit unseren Kindern meldeten wir uns darum zu so einem Familienseminar in den Ferien an. Ich war gespannt und hoffte, dass uns die Therapeuten aus der Patsche helfen würden."

Das kann ich keinem sagen

Hanna: „Ich weiß nicht mehr warum, aber bei mir drehte sich alles, als es um das Thema ‚Delegation der Gefühle' ging, d. h. wer in der Familie zeigt am ehesten Freude, Wut, Trauer, Ärger, Gemütlichkeit, Zärtlichkeit, Verbundenheit und wem gegenüber. Beim Stichwort Zärtlichkeit schossen mir Blitze durch den Kopf. Alte Bilder und schreckliche Erlebnisse waren plötzlich taufrisch vor meinen Augen.

In der Pause suchte ich einen Mitarbeiter und bat um ein Gespräch. Obwohl ich nur sehr vage Andeutungen über meine sexuellen Missbrauchserlebnisse in der Kindheit gemacht hatte, schien er mich zu verstehen. In einem weiteren Gespräch, zu dem eine Mitarbeiterin dazugekommen war, schilderte ich das erste Mal nach etwa siebenundzwanzig Jahren, was mir unser Nachbar als neunjährigem Mädchen immer wieder unter Drohungen angetan hatte. Wie aus einem Vulkan schleuderte ich Wortfetzen, gemischt mit Tränen, heraus. Es tat gut. Aber mein Heinz durfte nichts davon erfahren! Niemals!

Auf die Frage des Mitarbeiters: ‚Wie würde Heinz reagieren, wenn er es heute von dir erfahren würde?' stockte mir der Atem. Dann stotterte ich: ‚Er wird mich verlassen.' Gemeinsam mit den Mitarbeitern ging ich alle wesentlichen Schritte in der Ehe mit meinem Mann durch. Ich war wirklich überrascht: mein Mann hatte mich noch nie im Stich gelassen, auch nicht in der schlimmen Trinkzeit. Dann schossen mir wieder Tränen in die Augen."

Was hat sie nur gegen mich?

Heinz: „Seit unserer Anreise waren schon einige Tage vergangen. Sicher, einige wichtige Themen hatten wir schon besprochen, aber mir war, als ob die Gespräche nicht weiterkämen, von einem Durchbruch konnte keine Rede sein. Hanna weinte jetzt oft, so kannte ich sie kaum, aber sie sprach nicht. Sie war so unnahbar, wich jeder Berührung aus. Ich hielt das kaum aus.

Dann sitzen meine Frau und ich mit einem Mitarbeiter und einer Mitarbeiterin zusammen. Ich höre, wie meine Frau zögernd erzählt. Sie wirkt auf mich wie ein verschüchtertes neunjähriges Mädchen. Im Telegrammstil erzählt sie von sexuellen Missbrauchserfahrungen in ihrer Kindheit. Ihr Blick ist so fragend, als ob sie sich meiner Treue nicht sicher wäre.

Was ich empfinde, kann ich jetzt nicht sagen. Ich nicke ihr nur zu, und sage ihr damit: ‚Ich stehe zu dir.‘ Dann rollen meine Tränen.“

Heilung und Vergebung brauchen Zeit

Hanna: „Die Mitarbeiter machen mir Mut, das, was mich bedrückt, auszusprechen bzw. aufzuschreiben. Ich höre, dass Heilung und Vergebung möglich sind, aber ihre Zeit brauchen. Das hilft mir, denn ich spüre nur Traurigkeit und den Hass auf den Täter.“

Wieder vergehen Tage. Heinz und Hanna haben sich neu befreundet. Heinz erzählt: „Die Kinder haben große Augen gemacht, als sie uns Hand in Hand im Park gesehen haben. Langsam lernen wir wieder das Reden und Beten miteinander.“

Mein schwerster Stein muss zum Kreuz

Am letzten Tag des Seminars gestalten die Erwachsenen gemeinsam einen Gottesdienst. Die Kinder feiern ihren eigenen. Auf dem Boden wurde durch viele kleine Kerzen ein Kreuz symbolisiert. Steine und weitere Kerzen standen zur Verfügung.

Der Gottesdienst sollte helfen, wichtige Erfahrungen des Seminars „zu verankern", fest zu machen. Damit knüpften wir an eine uralte Tradition an, die z. B. schon im Alten Testament in 1. Samuel 7 beschrieben wird: Als Erinnerungszeichen an Gottes Eingreifen „nahm Samuel einen Stein und stellte ihn auf ... und sprach: Bis hierher hat der Herr geholfen".

Hanna: „Im Gespräch mit den Mitarbeitern bekam ich neue Hoffnung, dem Täter zwar nicht in meiner Kraft, aber im Namen und in der Kraft Jesu zu vergeben. Niemand hatte mich zu diesem Schritt gedrängt, und das war auch gut so. Dann suchte ich mir den schwersten Stein, der für mich all die entwürdigenden und verletzenden, ekligen und lähmenden Erfahrungen, die sich bis in meine Ehe hinein gezogen hatten, verkörperte. Diesen großen Stein legte ich an das Kreuz. Ja, im Namen Jesu konnte ich vergeben. Tonnen fielen von meiner Seele."

Wir hatten uns an so vieles gewöhnt

Heinz: „Nach diesem Seminar kam erst einmal ein Tal für uns. Im Alltag verfiel wieder jeder in seinen Trott. Es kostete uns viel Mühe, Disziplin und Humor über uns selbst, bis wir als Orchester ein neues Stück spielen, d. h. uns neu begegnen konnten. Wir hatten uns zu sehr an unsere alten ‚Kampfmuster' und Rollen gewöhnt. Manchmal schien alles leider wie früher zu sein, aber das war es nicht, denn wir hatten einerseits zwischenzeitlich gute Erfahrungen gemacht und neu das Reden gelernt.

Im folgenden Jahr sind wir alle wieder auf eine therapeutische Familienfreizeit des Blauen Kreuzes mitgefahren. Die Gemeinschaft tat uns gut, auch wenn sie uns oft neu aus unseren bequemen Gewohnheiten herausforderte."

Peter Glöckl

Christine
Eine Tür zur Freiheit

Viele Jahre war ich alkoholabhängig. Als ich davon frei wurde, ahnte ich zwar schon, dass meine Alkoholabhängigkeit mit dem sexuellen Missbrauch verbunden sein könnte, den ich als Neunjährige kurz nach dem Krieg erlebt hatte. Aber ehrlich gesagt, habe ich diesen Zusammenhang immer verneint.

Viele Jahre habe ich das schwere Geheimnis dieses Missbrauchs allein getragen. Dass ich mir selbst die Schuld dafür zuschrieb, machte alles noch schlimmer. Bohrende Schuldgefühle und unerbittliche Selbstanklagen behinderten mich schwer in meiner Beziehung zu Männern.

Innerlich zerrissen

Aus diesem Gefängnis konnte ich nicht heraus, und so entwickelte ich große Angst vor meinen Gefühlen. Meine Wut, meinen Hass und die Rachegelüste gegen den Täter konnte ich nicht ausdrücken. Ich fühlte mich oft traurig und hoffnungslos und innerlich leer.

Heute, im Nachhinein, fällt mir auf, dass ich Ruhe kaum aushalten konnte: Ich fand immer etwas, das im Haus geputzt oder im Garten erledigt werden musste. Vielleicht, weil ich meinen bohrenden Gedanken entgehen konnte, wenn ich beschäftigt war. Mehr und mehr verlor ich mein inneres Gleichgewicht, und deshalb kam es immer öfter zu Streitereien mit meinem Mann und trug schließlich auch zur Scheidung unserer Ehe bei.

Nach der Scheidung habe ich mich sehr oft mit meinen Kindern gestritten. Schmerzhafte Worte fielen, manche waren wie Messerstiche. Unsere Beziehung wurde so schlecht, dass sich meine Kinder von mir, der „keifenden Mama", zurückzogen.

So wuchs meine Einsamkeit. Sie wurde immer unerträglicher und der Wunsch nach einem Partner immer drängender. Ich war innerlich zerrissen, denn die Sehnsucht nach Zärtlichkeit und gleichzeitig die Angst davor kämpften in mir.

Tod als Ausweg?

Ich dachte: „Die Zeit heilt alle Wunden", und wünschte, es könnte so sein. Leider blieb dieser Wunsch unerfüllt. Was sollte ich tun? Ich wollte endlich frei sein. Frei!

Ich hatte mich schon vor längerer Zeit vom Alkohol verabschiedet und dadurch bereits ein Stück wertvolle Freiheit gewonnen. Doch auch von den Qualen der Selbstanklage wollte ich frei werden. Aber wie?

Obwohl mein Innendruck immer weiter anstieg, wollte ich nicht wieder zum Alkohol greifen und dadurch in mein altes Dilemma zurückfallen. Aber ich konnte mich nicht von dem Sturm meiner Gefühle und dem zwanghaften Denken an Alkohol befreien.

Schließlich habe ich daran gedacht, den Weg zur Freiheit im Tod zu suchen. Einen Baum auf unserer Landstraße hatte ich mir schon für einen „Unfall" ausgesucht. Aber konnte ich die Lösung wirklich im Tod finden?

„Ob mich dort jemand versteht?"

Über den sexuellen Missbrauch, dem ich zum Opfer gefallen war, hatte ich nie gesprochen. Endlich, vierzig Jahre später, kam der Tag, an dem ich den Mut fand, mich zu einem Seminar zum Thema „Gewalt und sexueller Missbrauch" anzumelden, das vom Blauen Kreuz angeboten wurde.

Mit viel Angst im Gepäck machte ich mich auf den Weg zum Tagungsort. Tausend Gedanken schossen durch meinen Kopf: Was wird dort passieren? Schaffe ich es, die Kontrolle über mich zu behalten? Was soll ich dort sagen? Warum fahre ich überhaupt zum Seminar? Es ist doch alles so lange her, Schnee von gestern! Ob mich dort jemand versteht? Was werden sie sagen, wenn sie erfahren, dass ich …

An die Fahrt von meinem Wohnort nach Solingen kann ich mich kaum erinnern, so angespannt war ich. Endlich war ich da, ich hatte es geschafft! Oder sollte ich gar nicht erst auspacken?

„Bin ich denn gar nicht schuld?"

Wie gut, dass ich geblieben bin. Das Gespräch in kleinen Gruppen mit anderen Betroffenen war für mich sehr hilfreich. Manche erzählten ganz offen von ihren Erfahrungen und ließen auch ihren Tränen freien Lauf. Ich erlebte: Niemand wird hier verurteilt, jede und jeder hat seinen Platz, egal, ob sie oder er etwas sagt oder lieber schweigt.

Obwohl ich mich so sehr schämte, kam da nach den vielen Jahren des Schweigens endlich auch für mich die Zeit des Redens. Ich brauchte meinen ganzen Mut, um den Safe in meinem Inneren, in dem ich meine quälenden Erinnerungen verschlossen gehalten hatte, ein ganz klein wenig zu öffnen. In der Gruppe hatte ich die Chance, meine Gefühle auszudrücken, die so lange meine Lebenskraft gelähmt hatten: Schuldgefühle, immer wieder Schuldgefühle und dazu Wut und Angst und Scham.

Als die anderen von sich und ihren schlimmen Erfahrungen erzählten, stand vor mir plötzlich wie eine „Tür zur Freiheit" die Frage: „Bin ich denn doch nicht selbst an allem schuld?" All die Jahre hatte ich mir diesen Vorwurf gemacht. Unaufhörlich hatte mich mein Inneres verklagt, denn der wesentlich ältere Täter hatte mir damals gesagt, ich sei die Schuldige.

Frieden im Herzen

Nun erkannte ich, dass das eine Lüge war, und ich sagte mich davon los. Da fiel eine große Last von meinen Schultern, und ein neuer Weg öffnete sich für mich.

Ich spürte, dass mein Weg zur Freiheit noch lang sein würde, aber ich hatte die ersten Schritte gewagt.

Und ich gehe diesen Weg nicht allein. Schon früher hatte ich mein Leben Jesus anvertraut. Nun konnte ich endlich auch über diesen Lebensbereich offen mit ihm sprechen. Ich habe Jesus alle meine Scherben und Wunden im Gebet gebracht. Das war ein schweres Stück Arbeit mit vielen Schmerzen und Tränen und schweren Erinnerungen – aber dann kam sein Friede in mein Herz. Ich bin noch nicht am Ende meines Weges der Heilung, aber Jesus geht mit mir, und das macht mir Mut.

Ich verstand jetzt auch besser, was ich in der Beziehung zu meinen Kindern falsch gemacht hatte. Weil ich selbst so Schreckliches erlebt hatte, wollte ich sie beschützen. Deshalb hatte ich sie zu sehr eingeengt, ihnen kaum etwas zugetraut. Zu Hause angekommen, habe ich sie um Verzeihung gebeten, weil ich oft so hart, ja ungerecht mit ihnen gewesen war. Und ich habe erlebt, dass sich auch hier ein neuer Weg für mich öffnete, dass unsere Beziehung zueinander zu heilen beginnt.

Früher habe ich nur noch den Tod als Ausweg gesehen. Heute freue mich auf die Jahre, die noch vor mir liegen. Ich habe gewagt, mein schweres Geheimnis vor verständnisvollen Menschen und vor Jesus zu offenbaren. So habe ich den Weg zur Freiheit gefunden und ihn unter die Füße genommen.

Anregungen für das Gruppengespräch:
Impulsfragen:
- *Was bedeuten mir Zärtlichkeit und körperliche Nähe?*
- *Wie gingen meine Eltern im Blick auf Zärtlichkeiten miteinander um?*
- *Welchen Bezug habe ich zu meiner Sexualität? Was ängstigt mich, was zieht mich an?*

Ein weiterer Text zu diesem Kapitel:
Pia: „Ich könnte ein Buch über unsere Familie schreiben", Seite 100

Das Gefühl der Angst

Das Gefühl der Angst,	wenn Abends die Eltern noch fortgehen
	wenn du dann alleine in deinem Zimmer bist
	wenn du einen Schlüssel im Schloss hörst
	wenn leise Schritte näher kommen
Das Gefühl der Angst,	wenn sich deine Türklinke niederdrückt
	wenn sich deine Zimmertür dann öffnet
	wenn ER plötzlich im Rahmen steht
	wenn ER die Tür wieder hinter sich schließt
Das Gefühl der Angst,	wenn du mit IHM allein in diesem Zimmer bist
	wenn ER auf dich zu kommt
	wenn du schreist und niemand hört dich
	wenn du IHM schutzlos ausgeliefert bist
Das Gefühl der Angst,	wenn ER dich aufs Bett wirft
	wenn ER dich auszieht
	wenn ER seinen Reißverschluss öffnet
	wenn SEINE Hand auf dich zukommt
Das Gefühl der Angst,	wenn ER dich zwingt, IHN anzupacken
	wenn du nichts daran ändern kannst
	wenn dich der Ekel überfällt
	wenn Seine Augen dich dabei angucken
Das Gefühl der Angst,	wenn ER in dich eindringt
	wenn ER dabei so schmierig grinst
	wenn ER sich wieder abwendet
	wenn ER dir droht
Das Gefühl der Angst,	wenn ER sich anzieht
	wenn ER auf die Türe zugeht
	wenn ER dein Zimmer verlässt
	wenn du die Haustür ins Schloss fallen hörst
Das Gefühl der Angst,	obwohl ER nun weg ist
	vor Scham und Schuldgefühlen
	ER wird wieder kommen
	Es gibt kein Vorbei
Das Gefühl der Angst,	es geht niemals
	denn nicht umsonst ist es

DAS GEFÜHL DER ANGST

„Wie ein Berg auf meinen Schultern"
Schuld und Schuldgefühle

„Lassen Sie mir meine Schuld – ich habe ein Recht darauf, mich selbst um eine Lösung zu bemühen!", ruft ein Alkoholabhängiger entrüstet in die Diskussionsrunde, als ein Psychotherapeut sein Fehlverhalten ausschließlich als Folge einer problematischen Kindheit interpretierte und auf diese Weise „weg- psychologisieren" wollte. Jener Mann durchschaute die ihm angebotene Scheinentlastung und wusste: Nur wenn ich meine Schuld annehme, kann ich sie bereinigen und dadurch von ihr frei werden.

In der Suchtkrankenhilfe erleben wir eine überwältigende Zahl von Betroffenen, die versuchen ihre massiven Schuldgefühle in einem endlosen Kreislauf von Trinken und Vergessenwollen zu bewältigen. Befreiung von der Last der Schuld ist jedoch nur dann möglich, wenn ein Mensch seine Schuld und seine Verantwortung für das, was hinter ihm liegt, ernst nimmt und Gott mit ehrlichem Herzen um Vergebung bittet. Vielen hilft es, wenn sie das in Gegenwart eines seelsorglichen Helfers tun, der sie dann anschließend im Namen Gottes von ihrer Schuld lossprechen kann.

Depressive, unsichere und in ihrem Selbstwert beeinträchtigte Menschen leiden oft unter neurotischen, „ungesunden" Schuldgefühlen, die sich im Alltag mit realen, „gesunden" Schuldgefühlen immer wieder mischen. Für sie ist wichtig, dass sie ein stabiles Selbstwertgefühl aufbauen, damit sie sich nicht ständig für alles schuldig fühlen, was bei ihnen oder in ihrer Umgebung schief geht. Und wo sie wirklich schuldig geworden sind, brauchen auch sie Vergebung durch Menschen und durch Gott.

Obwohl seine Frau schon vor Jahren gestorben war, fühlte sich **Gerhard** immer noch schuldig ihr gegenüber.

Ruth ist in einer ganz anderen Lage. Ihre Eltern sind alkoholkrank, und sie glaubt, daran schuld zu sein.

Heinz bedauert zutiefst, dass er an seiner Ehefrau und an seinen Töchtern schuldig geworden ist.

Was geschehen kann, wenn einem Unschuldigen Schuld zugeschoben wird, beschreibt **Bodo Rulf** in einem Gedicht.

113

Werner Brück
Gerhards Weg ins Leben

Gerhard war gequält von erdrückenden Schuldgefühlen. Neun Jahre zuvor war seine Ehefrau, gerade achtunddreißig Jahre alt, an Krebs verstorben. Niemand – weder Ärzte noch Pflegepersonal, Verwandte oder Freunde – hatte damals seiner Frau gesagt, dass sie todkrank war. Und er hatte dieses erbärmliche Spiel mitgemacht und seiner Frau ebenfalls die Wahrheit über ihren Zustand vorenthalten. „Ich brachte es einfach nicht übers Herz, ihr die Wahrheit zu sagen, und so stand am Ende unseres gemeinsamen Weges eine Lüge", sagte er mir unter Tränen. „Ich habe das Gefühl, meiner Frau am Ende ihres Lebens noch untreu geworden zu sein."

Was sollte ich ihm sagen? Dass es doch verständlich und menschlich gewesen war, was er getan hatte? Dass es ihm doch nicht um sich selbst gegangen sei, sondern um seine geliebte Frau?

Aber all das hatte er sich schon oft genug selbst gesagt, ohne dadurch zur Ruhe zu kommen – im Gegenteil: Das, was er als Schuld empfand, hatte ihn hineingetrieben in ein abgrundtiefes Leiden, in die Abhängigkeit, die Sucht.

Es kostete mich Überwindung, auf „Tröstungen", Erklärungen und Zuspruch zu verzichten und stattdessen zu sagen: „Ja, Sie haben Ihre Frau um ihr Sterben betrogen, Sie sind ihr zuletzt noch untreu geworden, Sie sind ihr etwas Entscheidendes schuldig geblieben!" Ich schaute ihm in die Augen und fuhr dann fort: „Aber stellen Sie sich einmal vor, Ihre Frau wäre jetzt hier und könnte unser Gespräch hören."

„Die würde mich in den Arm nehmen!", brach es förmlich aus ihm heraus.

Dann wurde es ganz still in unserem Raum und wir beide erlebten einen jener seltenen Augenblicke: „Jetzt ist alles gut!"

Gerhard hatte erfahren, dass ihn eine Schuld belastet hatte, die längst vergeben war.

„Und ich habe das neun Jahre lang mit mir herumgeschleppt!", sagte er.

Gerhard erlebte, wie seine Schuld durch Vergebung in Ordnung kam – in Gottes Ordnung – und damit der Weg frei wurde für das Leben!

„Diese Stunde damals war der Anfang!", sagte er mir einige Zeit später.

114

Tom Klaus
„Es ist alles meine Schuld"
Ruth wird mit ihrem Schuldbewusstsein nicht fertig

Ruth kam niedergeschlagen und mit verweinten Augen in meine Sprech-
stunde. Noch bevor sie etwas sagte, konnte ich mir schon denken, was für
ein Problem sie hatte.

Ruths Eltern, beide beruflich erfolgreich, sind Alkoholiker. Unter Alkoholeinfluss werden sie gemein. Sie greifen Ruth zwar nicht körperlich an,
verletzen sie aber mit Worten.

Ruth tut alles, wirklich alles, um es ihnen recht zu machen. Sie spült das
Geschirr, wäscht und bügelt, putzt das Haus und bereitet meistens auch die
Mahlzeiten zu. Außerdem strengt sie sich in der Schule an, und ihre Leis-
tungen sind überdurchschnittlich.

Trotzdem hört Ruth von ihren Eltern nur Kritik: „Wie konntest du nur die
Plastikschüssel in die Spülmaschine stecken? Jetzt ist sie kaputt!", regen
sie sich auf. Oder: „Du hast Vaters Sachen mit dem falschen Waschpro-
gramm gewaschen!" – „Du hast das Schlafzimmer nicht ordentlich geputzt!" – „Du hast den Hackbraten zu lange im Ofen gelassen!" – „Wenn du
wirklich wolltest, könntest du in der Schule viel besser sein!"

Ruth hatte einfach keine Chance. Als sie dieses Mal in meine Sprechstun-
de kam, war es ihr wie schon so oft ergangen. Sie hatte wieder einmal die
Erwartungen ihrer Eltern nicht erfüllt und kam sich wie ein Versager vor.
Aber das war nicht alles.

„Wissen Sie, es ist meine Schuld", sagte Ruth.

„Was?", fragte ich.

„Dass meine Eltern so unglücklich sind und deshalb trinken müssen",
antwortete sie schluchzend.

„Erzähl mir doch bitte, warum das so ist", forderte ich sie auf.

„Dass ich überhaupt lebe, ist doch schon ein Fehler", begann Ruth. „Meine Eltern hatten große berufliche Pläne, dann kam ich dazwischen. Es ist
schlimm genug, dass ich ihnen ihre Pläne vermasselt habe. Aber nicht einmal jetzt bin ich ihnen eine richtige Hilfe. Durch mich ist alles so schlimm
geworden, dass sie einfach trinken *müssen,* um es überhaupt auszuhalten.
Wäre ich doch nie geboren! Es ist alles meine Schuld!"

Ich sagte nichts und ließ Ruth sich ausweinen. Ich hätte am liebsten gesagt: „Das stimmt nicht, Ruth. Es ist nicht deine Schuld. Dass deine Eltern

alkoholabhängig sind, hat nichts mit dir zu tun. Sie wären auch Alkoholiker, wenn du nicht geboren wärst."

Aber ich wusste, dass Ruth mir das nicht einfach so abnehmen konnte. Sie würde darauf bestehen: „Ich bin aber doch schuld!"

Ruth hatte ein falsches, ungesundes Schuldbewusstsein entwickelt, das ihr Selbstwertgefühl untergrub. Da herauszukommen ist ein weiter Weg. Aber er ist nicht aussichtslos.

Werner Brück
„Ich habe sie unglücklich gemacht"
Heinz leidet unter einer erdrückenden Last

„Meine Alkoholkarriere begann vor meiner Ehe", berichtet Heinz. „Wir hatten vier Töchter, die ich auf meine Weise sehr liebte. Doch sie fanden zu mir, dem Alkoholiker, kein Vertrauen. Meine unkontrollierten Ausbrüche, mein Toben und Schreien, wenn ich getrunken hatte, meine meist schlechte Laune, meine völlig unangebrachten Versuche, ihnen meine Zuneigung zu zeigen, wenn ich nach Mitternacht betrunken nach Hause kam und sie aus dem Bett holte, vertieften die Kluft zwischen ihnen und mir immer mehr.

So trieb ich sie früh aus dem Elternhaus, das sie alle zwischen fünfzehn und sechzehn Jahren verließen. Sie stürzten sich auf der Suche nach Verstandenwerden und Geborgenheit vorschnell in rasch wechselnde Beziehungen. Heute sind alle mehrfach geschieden, unglücklich, mehr oder weniger zerbrochen und resigniert. Von mir wollen sie nichts mehr wissen. Sie haben alle Beziehungen zu mir abgebrochen.

Heute weiß ich, dass ich es war, der sie unglücklich gemacht und ihr Leben zerstört hat. Der Gedanke daran quält mich bei Tag und Nacht. Und obwohl ich jetzt abstinent lebe, kann ich das alles nicht mehr ändern."

Wie kann Heinz mit dieser erdrückenden Last fertig werden? Er kann ja Vergangenes nicht ungeschehen machen, auch wenn es ihm jetzt Leid tut. Aber ihm kann in einfühlsamen Gesprächen geholfen werden, seine Schuld und seine Schuldgefühle zu bearbeiten, damit er weiterleben kann.

Dabei muss auch die Überlegung eingeschlossen sein, wie er den entstandenen seelischen Schaden so weit wie möglich wieder gut machen oder ausgleichen kann.

Bodo Rulf

Er war schuld

Er
war schuld
von Geburt an

Er
verbaute ihre Träume
Wünsche
Sehnsüchte

Er war der Mühlstein
an ihrem Hals
die Fessel
die sie band
an den nichtgewollten Mann

So hasste sie ihr Kind
täglich
alle Jahre

Er flüchtete
verleugnete seine Mutter
träumte vom
Alleinsein

Seine Mutter
wurde Symbol
für alle Frauen

Er suchte Nähe
und fand nur seine Angst

„Kannst du mir noch mal verzeihen?"
Versöhnung und Wiedergutmachung

Jeder Mensch ist ein von Gott geschaffenes Original und hat deshalb eigene Wertvorstellungen und Interessen, Wünsche und Bedürfnisse – und die kollidieren im Zusammenleben in Ehe, Familie, Freundschaft, Schule oder am Arbeitsplatz manchmal heftig mit denen der anderen „Originale". Ärger, Wut, Verletzungen und Kränkungen sind die Folge. Das ist völlig normal – und es ist wichtig, dass wir uns das eingestehen.

Mit diesen Tatsachen kann man unterschiedlich umgehen. Man kann jemandem, der einen verletzt hat, mit gleicher Münze zurückzahlen. Das kann zu einem nicht endenden Kreislauf von Rache und Vergeltung und zum Zerbrechen aller Beziehungen führen. Es gibt aber noch einen anderen Weg: Gegenseitige Vergebung, Versöhnung miteinander und – wo das möglich ist – Wiedergutmachung des durch die Schuld verursachten materiellen oder auch nicht materiellen Schadens.

Wiedergutmachung kann nichts ungeschehen machen, aber sie ist sozusagen ein Ausgleich für erlittenes Unrecht. Wer schuldig geworden ist, übernimmt die Verantwortung für seine Taten, bittet um Vergebung und hilft dem „Opfer", die Folgen der Schuld zu tragen, indem er beispielsweise veruntreutes Geld zurückzahlt.

Achtung: Versöhnung und Wiedergutmachung sind keine frommen Bußübungen, sondern heilsame Wege zur Klärung und zum inneren und äußeren Neuanfang in unseren Beziehungen!

Wie solche Schritte zur Versöhnung und Wiedergutmachung in der Alltagspraxis, insbesondere in den durch die Sucht eines Familienmitgliedes verursachten Verletzungen aussehen können, wird von drei Betroffenen in den folgenden Lebensberichten eindrucksvoll beschrieben.

Hannelore wurde aufgrund ihrer Alkoholabhängigkeit ihr kleiner Sohn entzogen. Nach jahrelangem Leiden wagt sie die erste erneute Begegnung mit ihrem inzwischen zwölfjährigen Sven.

Nach vielen Jahren Versklavung an den Alkohol entschließt sich der inzwischen abstinent lebende **Ernst**, die in seiner Trinkzeit angehäufte Schuld „abzutragen".

Sabine hat sich tief in den Hass auf ihren gewalttätigen, alkoholkranken Vater vergraben. Sie wird selbst alkohol- und drogenabhängig und zieht mit sechzehn Jahren aus dem Elternhaus aus. Nach chaotischen Jahren der Verirrungen, verstrickt in Wut, Hass und Anklagen gegen die Eltern, wagt sie einen Neuanfang in der Beziehung zu ihnen.

„Wie ein Fest nach langer Trauer – so ist Versöhnung" schreibt **Manfred Siebald** in einem Lied.

Hannelore
„Kannst du mir das vergeben?"

Das Herz pocht, als wolle es aus ihrem Körper herausspringen. Hannelore ist aufgeregt. Sie hat auch ein wenig Angst. Nein, sie hat eine ganze Menge Angst. In wenigen Minuten wird sie ihren Sven wiedersehen. Mehr als das: Sie wird mit ihm reden können. Sie wird einen ganzen Nachmittag mit ihm verbringen können. Das heißt, nur wenn er will.

Erinnerungsbilder wirbeln wie Herbstlaub in ihrem Kopf herum. Sie versucht, das eine und das andere bunte Blatt zu erhaschen.

Sven, das zarte Baby in ihren Armen. Wolfgang wagt kaum, seinen Sohn anzufassen. Hannelore lacht: „So schnell geht da nichts kaputt!"

Ein anderes Blatt tanzt vor ihren Augen:

Sven wagt seine ersten Schritte, hält sich am Teddy fest. Hannelore schaut ihm vom Sofa aus zu. Sie hat sich hingelegt. Sven wird sich schon beschäftigen. Er ist ja gut versorgt, hat in der Krippe seine Vespermilch bekommen. Am Abend kann sich Wolfgang um ihn kümmern. Hannelore schließt die Augen. Nur einmal schreckt sie hoch. Sven hat sich an der Tischdecke festhalten wollen und heruntergerissen, was auf dem Tisch stand.

Dann ein sehr schwarzes Blatt:

„Wo ist der Kleine?" Wolfgangs Gesicht hat sich über das ihre gebeugt.

„Wo hast du den Jungen? Und wie du wieder nach Fusel stinkst!" Hannelore dreht sich zur Wand. „Lass mich!", lallt sie. „Mir ist nicht gut." Wolfgang schreit: „Besoffen bist du! Besoffen!" Er reißt seine Jacke vom Garde-
robenhaken und stürzt auf die Straße. Später sagt er ihr, dass an der Tür der
Kinderkrippe ein Zettel hing, auf dem stand: „Sven ist in der Wochenein-
richtung, Blumenweg 8. Holen Sie ihn dort ab!" Und dass er sich furchtbar
geschämt hat und dass Sven ganz verheult war und dass er es satt hat, endgültig satt. Und Hannelore weint und verspricht, sich nicht mehr zu betrin-
ken und künftig den Jungen pünktlich abzuholen.

Hannelore will die Bilder verscheuchen, die sich jetzt einstellen. Sie
schämt sich. Sie hat Sven lieb gehabt, ja, sicher. Aber der Alkohol war Sie-
ger. Die Sucht war stärker als ihre Liebe. Sie wusste, dass sie Wolfgang und
das Kind verlieren würde, wenn sie so weiterlebte. Und sie trank weiter,
immer weiter. Sie konnte nicht anders.

Wieder ein Blatt, ein Bild, das sie am liebsten verscheuchte: Der Tag vor
dem Scheidungsrichter ... Und das Schlimmste war: Sven wurde dem Vater
zugesprochen. Das Allerschlimmste: Es war ihr gleichgültig.

Was sie damals eigentlich verloren hatte, sie merkte es erst später. Vorerst
sorgte der Schnaps für das totale Egal.

Dann kam eine Phase, da wollte sie alles rückgängig machen. Sie ließ
sich auf eine Entwöhnungsbehandlung ein. Sie suchte Kontakt zu einer
Selbsthilfegruppe. Sie machte sich stark gegen Versuchungen.

Jeden Tag ging sie zur Sozialarbeiterin. Das war so am Ende der Therapie
abgesprochen. Die Sozialarbeiterin gab ihr täglich eine Disulfiram und
kontrollierte, ob Hannelore das verordnete Präparat auch herunterschluck-
te. Das Disulfiram verstärkte die Angst vor dem Rückfall erheblich. Hannelore wusste: Dieses Präparat bildet ein besonderes Gift in der Leber, das
auf Alkohol sehr unangenehm mit Atembeschwerden und Übelkeit reagiert.
Während der Therapiezeit hatte sie das unter ärztlicher Aufsicht und in
kleinen Mengen ausprobieren müssen. Disulfiram und Alkohol – das konnte lebensgefährlich werden.

In der Selbsthilfegruppe fand die junge Frau Geborgenheit. Das tat gut.

Aber immer war da die Sehnsucht nach Sven. Manchmal ging Hannelore in der Nähe der Schule auf und ab. Wenn Pause war, irrten ihre Blicke zwischen den vielen Mädchen und Jungen umher. Entdeckte sie ihren
Sohn in der Menge, schien ihr das Herz stillzustehen. Dann lief sie eilig
weiter.

Eines Tages begegneten sich Mutter und Sohn zufällig vor dem Supermarkt. Aber gibt es überhaupt Zufälle? Sven war stehen geblieben und hatte sie mit großen Augen angeschaut. „Kennst du mich noch?", hatte Hannelore leise und aufgeregt gefragt. Er hatte nur genickt und war davongelaufen.

Seit Jahren war Wolfgang wieder verheiratet. Sven hatte Geschwister bekommen. Und auch Hannelore heiratete wieder. Gemeinsam mit ihrem Mann schloss sie sich einer Blaukreuz-Gruppe an. Hier ging es in den Gesprächen nicht nur um das Loslassen, sondern auch darum, etwas zu ergreifen. Wenn der Alkohol nicht mehr alles Tun und Denken bestimmt, was füllt dann die große Leere, die zurückbleibt? Hannelore lernte Menschen kennen, für die der Glaube an Gott zum neuen Lebensinhalt geworden war. Sie lernte, zu diesem Gott zu beten. Sie ordnete ihr Leben neu.

Die Sehnsucht nach Sven blieb.

Eines Tages raffte Hannelore allen Mut zusammen und schrieb zwei Briefe. Einen an das Jugendamt, einen an Wolfgang. Sie nahm den Kampf um das Besuchsrecht auf und war sehr erstaunt, als sie nur wenige Tage später eine Postkarte von Wolfgang im Briefkasten fand. „Du kannst Sven am kommenden Sonnabend um dreizehn Uhr holen. Bringe ihn um neunzehn Uhr zurück. Wolfgang." Bis zum Sonnabend waren es nur noch drei Tage. Drei Tage lang malte sich Hannelore aus, wie sie die sechs Stunden mit Sven verbringen könnte. Eis essen? Tierpark? Mensch-ärgere-dich-nicht spielen? Was sollte sie mit ihm reden? Wie beginnen?

Hannelore steht vor der Tür, hinter der Sven wartet. Was wird Wolfgang ihm erzählt haben? Was weiß Sven noch von damals? Hannelore hat Angst, furchtbare Angst. Sie bittet Gott in einem Stoßgebet: „Vater, hilf mir!" Dann drückt sie auf den Klingelknopf. Im selben Moment springt die Tür auf. Sven steht da, fertig angezogen. „Wir können gehen", sagt er, als wäre das die selbstverständlichste Sache von der Welt. Hinter ihm stehen Wolfgang und seine Frau.

Wieder auf der Straße sagt Hannelore: „Ich habe lange überlegt, was wir beide mit dem heutigen Nachmittag anfangen. Was hältst du davon, wenn wir erst einmal bei uns zu Hause Kaffee trinken. Dann lernst du auch gleich meinen Mann kennen und unser Zuhause."

„O. k.", stimmt Sven zu. Hannelore stellt fest: „Du bist ja unheimlich gewachsen!"

Sven: „Bin doch schon zwölf." Dann gehen beide schweigend weiter.

Es wird ein wunderschöner Nachmittag. Hannelore hat das Spielemagazin aus dem Schrank geholt. Beim Würfeln finden sich Worte leichter. Dann wird Kaffee getrunken. Vier, fünf Stück Obstkuchen verdrückt Sven.

Viel zu schnell rücken die Zeiger der Wohnzimmeruhr weiter. Etwas liegt noch schwer auf Hannelores Seele. Auf dem Heimweg reden Mutter und Sohn wie zwei Erwachsene miteinander. Hannelore erzählt Sven davon, wie das früher war, als der Alkohol ihr Leben mehr und mehr bestimmt hatte. „Es ist eine Krankheit", sagt sie. „Ich habe so vieles falsch gemacht, damals. Ich bin schuld, dass alles so gekommen ist. Ich war dir keine gute Mutter. Kannst du mir das vergeben? Ich weiß, dass Gott mir vergeben hat. Und ich wünschte mir, du könntest es mir auch vergeben."

Sven sucht die Hand seiner Mutter. „Hab ich doch schon", sagt er.

Ingrid Ebert

Ernst Rienecker
„Eine Zentnerlast fiel von meinen Schultern"

Nach Jahren des Kampfes war ich endlich frei geworden von dem unheimlichen Zwang, immer und immer wieder trinken zu müssen. Dieses neue Leben, das Gott mir geschenkt hatte, war ein unbeschreiblich kostbares Geschenk. Mir lag viel daran, dass mich aus der alten Zeit nichts mehr belasten konnte. Deshalb habe ich in einem etwa zweijährigen Prozess mein Leben den Menschen gegenüber geordnet. Zunächst vor meiner Frau.

Was hatte ich ihr in den vergangenen Jahren alles angetan! Schuld auf Schuld hatte ich ihr gegenüber auf mich gehäuft. Nun wollte ich sie um Verzeihung bitten. Aber ich wusste einfach nicht, wie ich es sagen konnte. Deshalb habe ich ihr einen Brief geschrieben. Da habe ich alles das aufgeschrieben, was Gott mir als Schuld meiner Frau gegenüber gezeigt hatte – es wurde eine lange, lange Liste. Vieles hatte sie gar nicht gewusst und gemerkt. Mit schlotternden Knien und bangem Herzen ging ich dann zu ihr ins Wohnzimmer und überreichte ihr den Brief.

„Lotte", sagte ich. „Ich habe dir in den letzten Jahren viel Böses und viel Leid angetan. Ich habe hier alles aufgeschrieben. Es tut mir Leid. Ich möchte dich um Vergebung bitten."

Überrascht sah meine Frau mich an. Einen Augenblick blieb sie stumm. Dann nahm sie den Brief in die Hand, zerriss ihn und sagte:

„Das interessiert mich überhaupt nicht, was in dem Brief steht. In meinem Herzen ist so große Freude über das, was Gott an dir und an uns getan hat. Jesus hat dir das alles vergeben. Mich interessiert's nicht mehr."

Dann ging sie mit raschen Schritten zum Ofen hinüber.

„Komm, schau her!", sagte sie, machte die Ofentür auf und warf den langen, bitteren Brief ins Feuer. Ungelesen. Mir war's, als fiele mir eine Zentnerlast von den Schultern.

Und so war mir noch oft, wenngleich davor manch ein demütigender, schwerer Weg lag. Wo ich unehrlich, unwahr, unhöflich gewesen war, da bat ich um Vergebung. Das war nicht immer Honiglecken. Aber ich tat es aus der Freude über das unbegreifliche Geschenk des Friedens und der Freiheit. Auf keinen Fall wollte ich das durch ein belastetes Gewissen gefährden.

Zum Bürgermeister unseres Dorfes musste ich gehen, weil ich ihm gegenüber unredlich gewesen war. Und ich musste zum ersten Vorsitzenden unseres Sportvereins. Ich hatte lange die Vereinskasse verwaltet. Und als ich dann während meiner Trinkzeit immer mehr Geld für Alkohol brauchte, hatte ich Geld aus der Kasse genommen. Ich wusste innerlich, dass ich zu dem ersten Vorsitzenden gehen musste. Er war in unserem Ort ein ziemlich einflussreicher Mann, und er war bekannt als ein sehr unbequemer, schwieriger Typ. Alle hatten Angst vor ihm, denn er war mürrisch und verschlossen und konnte recht grob werden.

Diesem Mann gegenüber musste ich also die Sache mit dem veruntreuten Geld bereinigen – dabei wusste er nicht einmal etwas davon. Er hatte ja nichts gemerkt.

„Herr", sagte ich im Gebet, „wenn das wirklich sein muss, dann gehe ich hin. Aber ich will das nicht aus mir heraus tun. Wenn es dein Wille ist, dann zeig mir ganz genau, wie und wann ich es machen soll. Ich möchte Wegweisung von dir."

Irgendwo hatte ich den Hintergedanken, diese Wegweisung hoffentlich nie zu bekommen. Ein Jahr war darüber vergangen und ich hatte das Ganze schon fast vergessen. Ich saß zu Hause gemütlich auf dem Sofa. Da hörte ich in mir ganz deutlich eine Stimme: „Steh auf, zieh die Schuhe an, nimm das Geld und geh zu ihm!"

„Gut", dachte ich mir, „dann gehst du jetzt eben." Mein Herz hat zwar geklopft vor Aufregung und Angst, aber ich hab mich auf den Weg gemacht. Doch je näher ich seinem Haus kam, desto bedrängender wurden meine

Zweifel. War das wirklich Gottes Wille? Hatte ich mir nicht nur etwas eingebildet, als ich glaubte, diese Stimme zu hören? Mein Mut schmolz immer mehr zusammen, aber meine Füße gingen trotzdem wie von alleine immer weiter. Unversehens war ich schon vor seiner Tür angelangt und hatte angeklopft.

„Herein!", hörte ich seine donnernde Stimme von drinnen. Und dann stand ich vor ihm und habe meine Sache vorgebracht und das Geld auf den Tisch gelegt.

„Es tut mir heute alles Leid", sagte ich. „Vergib mir bitte. Hier ist das Geld. Ich zahl's zurück."

Und dieser als barsch und unbequem verschriene Mann sah mich nur an, schob mir das Geld zurück und sagte:

„Es ist gut. Ich will dein Geld nicht haben. Nimm's wieder mit."

„Ich will's auch nicht mehr haben", erwiderte ich. „Es ist unrechtes Gut. Da liegt kein Segen drauf."

„Du hast Kinder. Gib's denen", sagte er, und dann stand er hinter seinem Schreibtisch auf und fuhr fort: „Ernst, geh heim im Frieden. Es ist alles in Ordnung."

Als ich wieder draußen stand, hätte ich zugleich lachen und weinen mögen vor Freude und Erleichterung. „Danke, Herr, für dieses Wunder", betete ich still in meinem Herzen.

Noch viele solcher Wege musste ich gehen. Und manchmal wollte es mir zuviel werden. Aber dann überwog wieder meine Freude darüber, dass Gott mir dieses neue, befreite Leben geschenkt hatte. Deshalb wollte ich alles ablegen und bereinigen, was mich von meinem alten Leben her noch hätte belasten können. Jedes Mal, wenn ich wieder einen solchen Schritt hinter mir hatte, erfüllte mich eine unbeschreibliche Freude und ich spürte fast körperlich die Befreiung von alten Lasten.

Ein Wort aus der Bibel habe ich in jener Zeit ganz plastisch an mir selbst erfahren: „Wenn jemandes Wege dem Herrn wohlgefallen, dann macht er auch seine Feinde mit ihm zufrieden." (Sprüche 16, 7)

Es gab da jemanden, der war sehr schlecht auf mich zu sprechen, und er hatte recht damit. Das war der erste Vorsitzende des Elektrizitätsverbandes, der ganz Franken mit Energie versorgte. Während meiner Trinkzeit hatte ich, um zu Geld zu kommen, jede Arbeit angenommen, die ich nur kriegen konnte. Und ich hatte es dabei nicht immer so genau genommen mit den verschiedenen Sicherheitsvorschriften und Auflagen, die der Energieversorgungsverband machte. Ohne Genehmigung hatte ich elektrische Anlagen gebaut, wenn man mich nur gut bezahlte. Vom Verband aus war man dahinter gekommen und verständlicherweise stocksauer auf mich. Man hätte mir von dort sogar ganz schön etwas anhängen können.

Eines Tages war ich für meine neue Firma irgendwo im Lande unterwegs, als ich unversehens jenen ersten Vorsitzenden des Energieversorgungsverbandes traf, wie er gerade aus seinem Auto stieg. Wie ein Blitz fuhr es mir in die Glieder, als ich ihn erkannte, und ich wusste sofort: Jetzt musst du hin. Mit klopfendem Herzen trat ich auf ihn zu und sagte: „Herr X, ich bitte um ein Gespräch."

Erstaunt und skeptisch sah er mich an. „Und worüber?", fragte er.

„Ich möchte Sie um Vergebung bitten. Ich habe Ihrem Unternehmen gegenüber Unrecht getan und ihm geschadet. Das tut mir heute Leid und ich möchte dafür um Verzeihung bitten. Ich habe mit Gottes Hilfe ein neues Leben angefangen und ich brauche diese krummen Touren jetzt nicht mehr zu machen."

Da sah mich dieser hochgestellte Herr voller Verwunderung an und sagte: „Herr Rienecker, das war tatsächlich eine böse Geschichte mit Ihnen. Aber ich freue mich und ich spür's Ihnen ab, dass bei Ihnen wirklich etwas anders geworden ist."

Von dem Tag an zeigte er mir gegenüber stets große Hochachtung, wenn wir uns irgendwo wieder einmal begegneten. Und mein Herz hat immer freudig geklopft, wenn ich ihn sah oder mit ihm sprach. So habe ich buchstäblich erlebt, was in der Bibel steht.

Sabine Doppel
„Ich habe meinen Vater gehasst"

Ich bin in einer Familie aufgewachsen, die ich als Kind und auch später als Jugendliche fast ausschließlich als schrecklich und als Angst machend wahrgenommen habe. Meinen Vater erlebte ich überwiegend als aggressiv und laut, als jemand, vor dem ich mich nicht schützen konnte, dem ich ausgeliefert war. Für mich waren seine Zornesausbrüche immer ungerechtfertigt, seine verbale und physische Gewalt war für mich Grund genug, ihn als böse und gewalttätig anzusehen.

Meine Erinnerungen an die Wutausbrüche meines Vaters reichen zurück bis zu der Zeit, als ich dreieinhalb Jahre alt war. Sehr früh habe ich bemerkt, dass die Aggressivität meines Vaters mit seinem Alkoholkonsum zusammenhing. Mehr als einmal schrie mein Vater durch das Haus, dass er uns alle umbringen würde – und seine Schläge, die meine Mutter, meinen Bruder und mich trafen, ließen die Angst in mir wachsen, dass dies eines Tages wirklich geschehen könnte. Regelmäßig flogen Töpfe, Tische und andere Gegenstände durch unser Haus, und die Atmosphäre von Gewalt und Unberechenbarkeit wurde für mich schon früh zur Normalität.

Das, was ich am meisten verabscheute – abhängig von irgendeinem „Stoff" zu sein –, habe ich dann später selbst erlebt. Ja, ich habe mich zunächst bewusst für den Alkohol entschieden und dann für Hasch, Speed und Koks, um mit der Realität meines Lebens, meiner Scham, den Ängsten und Unsicherheiten umgehen und sie kontrollieren zu können. Das, was ich an meinem Vater so abstoßend fand – seine Abhängigkeit und sein Verhalten –, hatte ich durch meine Entscheidung, Drogen zu nehmen, selbst auch erreicht.

Doch immer noch wünschte ich mir häufig den Tod meines Vaters herbei. In meinen Augen war er allein an Aggressivität und Gewalt in unserer Familie schuld. Er war der Böse, wir anderen Opfer. In meinem Hass und meinem Verletztsein habe ich alle Fotos, auf denen mein Vater zu sehen war, gnadenlos zerfetzt. Ich wollte mit ihm absolut nichts mehr zu tun haben.

Schritte zur Versöhnung

Heute sehe und erlebe ich meinen Vater ganz anders. Der Weg dorthin war ein Prozess, der die Versöhnung mit meinem Vater, aber auch die Versöhnung mit meiner Vergangenheit einbezog. Wie kam es dazu, dass ich heute von Herzen sagen kann: „Ich habe meinen Vater lieb"?

Zunächst kam mein eigener Zerbruch: Mit achtzehn Jahren erlitt ich einen Nervenzusammenbruch und hatte das Gefühl, lieber sterben zu wollen, als so weiterzuleben. In einer Klinik begann ich, das Neue Testament zu lesen. Ich fasste den Entschluss, ein neues Leben mit Gott zu beginnen und schloss mich einer Gemeinde an, in der ich mit meinem ganzen Paket von Ängsten und Sorgen erst einmal ankommen und bleiben durfte. In dieser Zeit wurde mir die Kraft, die in der Vergebung liegt, sehr wichtig. Gleichzeitig hat Gott mich herausgefordert, die Beziehung zu meinem Vater aufzuarbeiten und ihm zu vergeben.

In dieser Auseinandersetzung sprach mich unter anderem auch das folgende Bibelwort sehr an: „Wenn ihr aber den Menschen nicht vergebt, so wird euer (himmlischer) Vater eure Verfehlungen auch nicht vergeben." (Matthäus 6,15)

Gott hat mir viel vergeben und will, dass ich ebenso denen vergebe, die an mir schuldig geworden sind. Mir wurde klar, dass auch ich an meinen Schuldigern schuldig wurde, denn durch meine Reaktionen habe ich meine Eltern verletzt und ungerecht behandelt. Dabei will ich nicht die Schuld meiner Eltern schmälern oder gar in Abrede stellen.

Ich habe jedoch, eingebettet in einen seelsorglichen Prozess, erkennen müssen, wie sehr ich an meinen Eltern und besonders an meinem Vater schuldig geworden war. Ich hatte ihm Unrecht getan, indem ich ihn nur als bösen Alkoholiker abgestempelt hatte.

Im Gegensatz zu früher denke ich heute nicht mehr, dass mein Vater nur aus blindem Zorn gehandelt hat. Nein, ich glaube heute eher, dass auch meine Mutter durch ihr Verhalten dazu beigetragen hat, dass mein Vater zu dem wurde, was er damals war und heute noch teilweise ist. Es war für mich einfach zu behaupten, dass mein Vater der Böse war und meine Mutter die Gute. Gott hat mich gelehrt, dass auch mein Vater nicht aus einer einzigen Seite besteht. Das war schmerzhaft für mich und hat mich einiges gekostet.

Hauptsächlich durch mein Lesen in der Bibel wurde mir klar, wie „notwendig" es ist, meinem Vater zu vergeben und mir eine neue Einstellung ihm gegenüber anzueignen.

Indem ich mich den schmerzhaften Erinnerungen stellte, entdeckte ich, dass es tatsächlich auch positive Erinnerungen an Begegnungen mit meinem Vater gab. Außerdem stellten sich Erinnerungen an Gelegenheiten ein, in denen ich als Kind bewusst gegen den Willen meiner Eltern gehandelt hatte. Oft waren das Überlebensmaßnahmen. Trotzdem war es Schuld.

So habe ich zum Beispiel meine Eltern oft ganz bewusst gegeneinander ausgespielt, sie belogen, ihnen mein totales Misstrauen signalisiert. Heute denke ich, das muss für beide, meinen Vater und meine Mutter, schlimm gewesen sein. Ich habe sie verletzt und bin an ihnen schuldig geworden. Nicht nur sie an mir, wie ich so lange Jahre behauptet habe.

Mir ist deutlich geworden, dass es sich mit dem Bild eines Alkoholikers als Vater im Grunde ganz gut leben lässt, denn dann hat man immer jemanden, der schuld ist an dem, was im eigenen Leben schief geht! Zu erkennen, dass die Schuld für mein damals verkorkstes Leben nicht in erster Linie bei anderen, sondern bei mir zu suchen war, hat mir einen ziemlichen Schock versetzt. Aber es war ein heilsamer Schock, der mir zu einem eigenverantwortlichen Leben geholfen hat.

Ich war und bin an vielen Stellen Opfer, weil fremde Schuld mein Leben beeinflusst hat. Aber ich war und bin auch Täter, auch ich verletze Menschen durch meine Schuld, lege sie fest, richte, urteile. Je mehr mir meine eigene Täterschaft bewusst wird, desto mehr kann ich anderen, die an mir schuldig wurden, vergeben. In der Beziehung zu meinem Vater hat das zu einem bestimmten Zeitpunkt bedeutet, dass ich mich entscheiden musste, ihm zu sagen: „Ich lasse mich neu auf dich ein."

Nicht immer ist mir das gelungen. Es gab ständig wieder Situationen, in denen ich feststellen musste, dass meine eigene Veränderung nicht automatisch bedeutete, dass auch mein Vater sich mir gegenüber anders verhielt. Aber ich lerne in vielen kleinen Schritten, mich meinem Vater gegenüber anders zu verhalten. Außerdem erkenne ich, dass mein Vater seine Taten bereut und versucht, Schuld wieder gutzumachen, auch wenn dies anders geschieht, als ich es erwartet habe.

Ich habe mich bei meinem Vater für mein ungerechtes Verhalten entschuldigt. Dabei habe ich ihm gesagt, dass ich sehr lange Zeit nur ihn als den Bösen und den allein Schuldigen gesehen habe und dass ich es jetzt nicht mehr so empfinde.

In den letzten Jahren kam es immer wieder zu Gesprächen, in denen ich meinen Vater verstehen lernte. Er sieht, dass ich eine ganz neue Lebenseinstellung habe, und vermutlich spürt er, dass ich nicht lüge, wenn ich ihm sage, dass ich ihn lieb habe.

Diese erneuerte Beziehung zu meinem Vater ist ein Geschenk von Gott. Ich hätte das selbst nie für möglich gehalten. Grundlage dafür ist ein von Gott geschenkter neuer Blick für seine Wahrheit über meinem Leben: Ich bin Gottes geliebte Tochter!

Anregungen für das Gruppengespräch:
Impulsfragen:

● *Wie bin ich bisher mit den Lasten meiner Vergangenheit umgegangen?*
● *Habe ich allen vergeben können, die an mir schuldig geworden sind? Was steht in dieser Hinsicht noch aus? Was blieb bisher offen?*
● *Auf wen müsste ich noch zugehen und um Verzeihung bitten? Was hindert mich daran? Was könnte mir helfen?*
● *Bin ich mir der Vergebung meiner Schuld gewiss?*

Ein weiterer Text zu diesem Kapitel:
Eckhard Grimm: Das schönste Weihnachtsgeschenk, Seite 83

Jürgen Werth
Wie ein Fest nach langer Trauer

Wie ein Fest nach langer Trauer,
wie ein Feuer in der Nacht,
ein offnes Tor in einer Mauer
für die Sonne aufgemacht.
Wie ein Brief nach langem Schweigen,
wie ein unverhoffter Gruß,
wie ein Blatt an toten Zweigen,
ein „Ich-mag-dich-trotzdem-Kuss",
so ist Versöhnung, so muss der wahre Friede sein,
so ist Versöhnung, so ist Vergeben und Verzeihn.

Wie ein Regen in der Wüste,
frischer Tau auf dürrem Land,
Heimatklänge für Vermisste,
alte Feinde Hand in Hand.
Wie ein Schlüssel im Gefängnis,
wie in Seenot „Land in Sicht",
wie ein Weg aus der Bedrängnis,
wie ein strahlendes Gesicht,
so ist Versöhnung, so muss der wahre Friede sein,
so ist Versöhnung, so ist Vergeben und Verzeihn.

Wie ein Wort von toten Lippen,
wie ein Blick, der Hoffnung weckt,
wie ein Licht auf steilen Klippen,
wie ein Erdteil, neu entdeckt.
Wie der Frühling, wie der Morgen,
wie ein Lied, wie ein Gedicht,
wie das Leben, wie die Liebe,
wie Gott selbst, das wahre Licht,
so ist Versöhnung, so muss der wahre Friede sein,
so ist Versöhnung, so ist Vergeben und Verzeihn.

„Bist du denn kein bisschen sensibel?"
Bedürfnisse und Gefühle äußern

„Natürlich weiß er, wie ich mich fühle", sagt eine verzweifelte Ehefrau über ihren Mann. „Jedenfalls sollte er es wissen!"

Sie hat nicht gelernt, ihre Gefühle und Bedürfnisse auszusprechen. Vielen ergeht es ähnlich, weil sie in ihrer Herkunftsfamilie entsprechend geprägt wurden. Hier entscheidet sich, ob jemand Ärger, Wut, Enttäuschung oder Traurigkeit ausdrücken kann, ob er sich geliebt oder missachtet fühlt, ob er Konflikte als etwas Dazugehöriges oder als bedrohlich erlebt, ob er über seine Bedürfnisse und Wünsche sprechen kann oder nicht.

Doch niemand muss so bleiben, wie er ist. Das erlebte **Daniela**. „Meine Lage ist so verzweifelt, dass ich zu allem bereit bin", klagt sie. Da bringt sie ihr Therapeut auf den entscheidenden Punkt, der ihre Situation verändert.

Eine völlig unerwartete Erfahrung macht **Regina**. „Er ist nicht mehr der Mann, den ich kenne", stellt sie fest. Denn plötzlich bleibt er in Auseinandersetzungen ruhig und gelassen, während sie sich furchtbar aufregt.

William Backus
„Bittet, und euch wird gegeben"
Wie man um etwas bittet

„Meine Lage ist so verzweifelt, dass ich zu allem bereit bin!"

Daniela konnte kaum in Worte fassen, warum sie so weinte. Sie war zu mir gekommen, obwohl sie eigentlich nicht glaubte, dass ich etwas für sie tun könne.

„Ich dachte, meine Ehe sei in Ordnung!", schluchzte sie und wischte sich mit einem Papiertaschentuch nach dem anderen die Tränen ab.

Nur vier Tage zuvor hatte ihr Ehemann Dieter ihr gesagt, er liebe sie nicht mehr. Er hatte sich mit einer Arbeitskollegin angefreundet, die er nun zu lieben glaubte. Sie sei so warmherzig und einfühlsam, wie er das noch nie erlebt hätte.

Diese Eröffnung hatte Daniela umgeworfen. Obwohl es zwischen Dieter und seiner Kollegin zu keinem körperlichen Kontakt gekommen war, schien seine Beziehung zu ihr enger und inniger zu sein, als die zu Daniela jemals gewesen war.

Und wieder rollten ihr die Tränen über das Gesicht. Während sie versuchte die Tränen zu trocknen, hatte ich Gelegenheit zu fragen: „Was haben Sie Ihrem Mann denn geantwortet, als er über seine Gefühle sprach?"

„Ich fragte ihn, wie er um Himmels willen etwas so Schreckliches tun und mir das dann auch noch *erzählen* konnte."

„Haben Sie ihm also Fragen gestellt?"

„Natürlich! Ich fragte ihn, womit ich das verdient hätte. Und ich fragte ihn, was er an unserer Ehe auszusetzen hätte."

„Waren Sie mit seinen Antworten zufrieden?"

„Wie meinen Sie das?"

„Waren die Antworten Ihres Mannes hilfreich, um das Problem zwischen Ihnen zu lösen? Und fühlten Sie sich erleichtert?"

„Natürlich nicht! Jedes Mal, wenn er den Mund aufmachte, geriet ich immer mehr in Rage."

„Manchmal stellen wir Fragen, wenn es passender wäre, über unsere eigenen Gefühle und Wünsche zu sprechen", antwortete ich. „Es hört sich so an, als ob Sie nicht einmal daran gedacht hätten, Ihrem Mann zu sagen, wie Sie sich fühlten und was Sie jetzt von ihm erwarteten. Stattdessen haben Sie ihm Fragen gestellt."

„Das ist ja lächerlich! Er weiß, wie ich mich fühle – jedenfalls sollte er das wissen. Wenn er nur ein bisschen Einfühlungsvermögen hätte, wäre ihm klar, wie mich das Ganze auf die Palme bringen musste."

Danielas Familie

Daniela wurde ärgerlich. Es war für sie unbegreiflich, dass ich auch nur vorschlagen könnte, sie könne in der Auseinandersetzung mit ihrem Mann etwas besser machen. Für sie war es folgerichtig, ihren untreuen Mann mit Fragen zu bombardieren.

Nach und nach stellte sich heraus, dass in Danielas Elternhaus ständig mehr Fragen gestellt wurden als in einer Quizsendung. Manchmal ging es zwar auch ohne Fragen. Man erzählte sich Erlebnisse oder sprach über das, was draußen in der Welt passierte. Doch wenn es um ihre gegenseitigen Gefühle ging, wichen sie auf Fragen aus. Und wenn es gar darum ging, den anderen eigene Wünsche mitzuteilen, herrschte Funkstille. Stattdessen redeten sie um den heißen Brei herum und hofften, die anderen würden den Wink mit dem Zaunpfahl verstehen und nachfragen.

Daher tat Daniela das, was sie von klein auf gelernt hatte: sie redete nur indirekt. Statt anderen ihre Bedürfnisse mitzuteilen, stellte sie Fragen und ließ nur versteckte Hinweise auf sich selbst fallen.

Nach dem ersten Gespräch mit Daniela war mir das Problem ihrer Ehe klar. Ich war zwar noch nicht sicher, wie Dieter mit seinen eigenen Wünschen und Bedürfnissen umging, doch Danielas Umgang mit ihren Wünschen war sonnenklar: Sie sagte selten, was sie wollte. Dadurch ergaben sich viele negative Nebenwirkungen, die ihre Ehe belasteten. Es war offensichtlich, dass Daniela lernen musste, ihre Wünsche offen zu äußern.

Ich stellte nun einen Behandlungsplan für sie auf mit einem Rollenmodell, mit dem Daniela üben konnte, ihre Wünsche zu äußern. Wieder und wieder spielten wir ihre neue Rolle durch. Sie lernte beispielsweise zu sagen: „Ich würde gern öfter von dir hören, dass du mich liebst", statt wie bisher zu fragen: „Warum sagst du mir nie, dass du mich liebst?"

Das so klar auszusprechen, fiel Daniela nicht leicht, denn sie meinte, als gute Christin müsse sie sich ausschließlich für die Wünsche, Bedürfnisse und Gefühle anderer interessieren. Ich konnte ihr klarmachen, dass diese Einstellung unbiblisch und außerdem unvernünftig ist. Schließlich wurde ihr klar, dass ihre falsche Sicht von Egoismus und Nächstenliebe wesentlich zu den Beziehungsschwierigkeiten in ihrer Ehe beigetragen hatte.

Dieter kam auf meine Bitte hin auch zur Therapie. Nachdem er festgestellt hatte, dass es uns nicht um ein endloses Aufrechnen von tausend Einzelheiten aus der Vergangenheit ging, sondern um das Einüben von Ehrlichkeit und Nähe zu der Frau, die er geheiratet hatte, war er bereit mitzuarbeiten.

Nach sechs Sitzungen waren sie ein großes Stück vorwärts gekommen. Dieter brach den Kontakt zu seiner Kollegin ab und begann, die neue Beziehung zu seiner Ehefrau zu kultivieren. Heute ist ihre Ehe stabil, weil beide gelernt haben, ehrlich zueinander zu sein.

Regina
„Er ist nicht mehr der Mann, den ich kenne"

„Ich muss Ihnen das einfach mal sagen: Mein Mann ist mir seit seiner Therapie richtig fremd geworden. Der hat sich total verändert. Das ist so ungewohnt an ihm, wie er sich verhält. Es ist nicht mehr der Mann, den ich kenne."

„Hat er sich denn negativ verändert?"

„Das könnte ich so nicht sagen. Aber er ist mir manchmal richtig fremd! Er ist in letzter Zeit die Ruhe selbst. Wenn irgendetwas nicht so gut klappt zwischen uns, rege ich mich auf. Doch er, er bleibt gelassen und ruhig. Er ist auch viel zufriedener mit seinem Leben als ich. Ich frage mich manchmal, was die in der Klinik mit ihm gemacht haben."

„Das ist ja richtig erfreulich, was Sie da berichten. Da kann man ja bei Ihrem Mann von einem echten Behandlungserfolg sprechen."

„Ja, das sagen alle, die ihn jetzt erleben, und sie loben ihn und finden es ganz toll, wie er sich verändert hat."

„Das klingt so, als ob Sie es weniger toll fänden?"

„Ich weiß, dass es sich komisch anhört, ich müsste ja wirklich froh sein, und im Grunde bin ich es auch, aber ich komme einfach nicht so schnell mit. Früher hat er sich um nichts gekümmert und ganz selbstverständlich alles mir überlassen. Da war er ständig unzufrieden, hat dauernd gemeckert und war sofort aufgebracht, wenn ich was zu ihm gesagt habe. Ich habe damals nicht mehr viel von ihm gehalten und mich oft gefragt, warum gerade ich eine solche Niete gezogen habe. Außerdem hat er mich sooft angelogen, dass ich ihm überhaupt nichts mehr glauben konnte. Und jetzt ist plötzlich alles anders. Jetzt bin ich es, die gleich durchdreht und aufgeregt ist. Ich bin ständig gereizt und werfe ihm alles Mögliche an den Kopf. Außerdem kümmert er sich wieder um Dinge, die ich in den letzten Jahren allein tun musste. Manchmal komme ich mir direkt arbeitslos und überflüssig vor."

„Und wie reagiert ihr Mann darauf, wenn Sie so sind?"

„Ich habe es Ihnen ja schon gesagt, der ist die Ruhe selbst und nimmt das alles gelassen. Trotzdem, es gibt immer noch viel Streit zwischen uns. Und heute bin ich es, die immer wieder anfängt und heftig wird. Aber dann sagt er, ich solle doch über meine Gefühle sprechen, und das bringt mich noch mehr in Rage. Er hat das wohl gelernt in seiner Therapie, aber ich weiß eigentlich gar nicht richtig, was er damit meint."

„Nun, wenn ihr Mann das meint, was ich vermute, dann handelt es sich einfach um eine Methode, mit der man Konflikte austragen kann, ohne sich dabei gegenseitig zu verletzen. Meist läuft es bei Streit doch so, dass man sich gegenseitig beschuldigt und sich alle möglichen Argumente an den Kopf wirft. Dabei fallen oft auch sehr hässliche Worte, für die man sich hinterher schämt. Es fängt alles damit an, dass man sich verletzt fühlt und dem anderen vorwirft, dass er schuld daran ist. Nun erwartet man von ihm, dass es ihm Leid tut. Der aber dreht den Spieß um, verteidigt sich und beschuldigt einen selber. So gibt ein Wort das andere, der Streit wird immer hitziger, und zum Schluss redet man nicht mehr miteinander."

„Ja, genauso ist es oft bei uns gelaufen. Aber nun das andere. Diese andere Methode, von der Sie sprachen, wie geht die?"

„Das Grundprinzip dabei ist, dass man sich nicht mehr gegenseitig beschuldigt, sondern über seine Gefühle spricht."

„Das ist es, das sagt er auch immer, ich soll meine Gefühle äußern. Aber wie das gehen soll, das verstehe ich immer noch nicht."

„Im Grunde ist es ganz einfach. Irgendetwas, was der Partner sagt oder tut, verletzt einen. Man fühlt sich getroffen, es tut einem weh. Aber anstatt dem Partner jetzt Vorwürfe zu machen, kann man ihm sagen: ‚Das, was du gerade gesagt oder getan hast, hat mir wehgetan.' Man teilt ihm das nur mit, aber man greift ihn nicht an und beschuldigt ihn nicht. Darum braucht er sich auch nicht zu verteidigen. Er kann offen bleiben und sagen, warum er so gehandelt hat, oder warum er etwas so gesagt hat.

Oft kommt dabei heraus, dass er es gar nicht so gemeint hat. Oder er hat sich vorher gar nicht klargemacht, was er anrichtet, und kann sich entschuldigen. So bleibt man offen füreinander und versucht, sich gegenseitig zu verstehen und kann dann eher wieder aufeinander zugehen und sich vergeben. Es fallen auch keine hässlichen Worte mehr, die so sehr verletzen und das Miteinander oft unerträglich machen.

Außerdem kommt mehr dabei heraus. Wenn man lernt, offen zu bleiben und sich gegenseitig seine Gefühle und Motive mitzuteilen, dann fängt man erst an, einander kennen zu lernen. Viele meinen, wenn man sich körperlich nackt zeigt, dann würde man sich gegenseitig kennen. Dabei kennt man da nur das Äußere voneinander. Erst da, wo man sich auch seelisch nackt macht und den anderen in seinen Gefühlsbereich hineinsehen lässt, da erkennt man sich, wie man wirklich ist."

„Ich weiß nicht, ob ich das so ohne weiteres kann. Da hätte ich Angst, noch viel mehr verletzt zu werden."

„Ich glaube, es ist natürlich, wenn Sie so fühlen. Sie haben vorhin gesagt, dass Sie Ihren Mann in seiner Trinkzeit nur noch negativ gesehen haben und ihm mit der Zeit nicht mehr glauben konnten. Außerdem hatten Sie nicht wie Ihr Mann die Möglichkeit, in einer Therapie zu lernen, sich zu verändern. Klar, dass Sie sich jetzt nicht plötzlich ganz offen verhalten können."

„Aber Sie meinen, dass ich das auch lernen kann, genau wie mein Mann?"

„Ja, das glaube ich. Denn es gibt gute Voraussetzungen dafür. Ihr Mann hat sich positiv verändert und reagiert anders. Genau da ist der Punkt, wo auch Sie sich vornehmen können, die Vergangenheit loszulassen und zusammen mit Ihrem Mann einen neuen Weg auszuprobieren, indem Sie anfangen, ihm wieder zu vertrauen."

„Und woher soll ich wissen, ob das alles stimmt, was er sagt, oder ob er mich nicht wieder anlügt wie früher?"

„Ich denke, Sie werden es wissen, weil Sie es spüren. Wenn man offen miteinander verkehrt, geht Lügen gar nicht mehr. Man merkt es sofort."

„Ich möchte Ihnen gerne glauben. Aber das ist gar nicht leicht, es macht mir einfach Angst. Ich habe eben sehr schlimme Erfahrungen hinter mir."

„Ja, die alten Erfahrungen wollen einem sagen: Tu's lieber nicht, du weißt ja genau, was dabei herauskommt. Aber wenn man darauf hört, bleibt alles beim Alten. Ihr Mann hat in der Therapie auch lernen müssen, trotz seiner Angst Dinge zu tun, die er noch nie getan hatte. Denn nur so hat er es geschafft, sich zu verändern. Sein Beispiel kann Ihnen Mut machen. Denn bei ihm können Sie sehen: Es lohnt sich."   *Hans Klein*

Anregungen für das Gruppengespräch:
- *Gemeinsam zusammentragen: Mindestens zehn Begriffe, die auf Ärger, Wut, Enttäuschung u. ä. und zehn, die auf Freude, Glück u. ä. hinweisen.*

Impulsfragen:
- *Wie haben meine Eltern ihre Gefühle (untereinander und zu mir) ausgedrückt?*
- *Welche Gefühle machen mir Angst?*
- *Was blockiert mich, offen über meine Gefühle zu sprechen? Was kann ich dagegen tun?*
- *Warum ist es wichtig, anderen meine Gefühle und Bedürfnisse offen mitzuteilen?*

Ein weiterer Text zu diesem Kapitel:
Christina Parker: „Du kannst gern später essen", Seite 144

„Ich kann mich selbst nicht leiden"
Selbstwertgefühl – Selbstannahme

Harald ist arm dran. Seine Kollegen schneiden ihn und reden schlecht über ihn. Keiner will etwas mit ihm zu tun haben. In seiner Kirchengemeinde findet er keinen Anschluss, weil alle anderen schon einen festen Freundeskreis haben und keinen Kontakt mit ihm wünschen. Auch bei den Frauen hat er kein Glück. Harald ist wirklich arm dran. Denn er kann sich selbst nicht leiden, und deshalb denkt er, die anderen könnten ihn auch nicht leiden, obwohl sie ihn eigentlich ganz nett finden. Wie ihm geht es vielen Menschen. Zum Glück gibt es einen Ausweg aus dieser Sackgasse.

Unser Verhalten in Partnerschaft, Familie, Freundschaft und Berufswelt wird entscheidend beeinflusst durch die Ausprägung unseres Selbstwertgefühls und unserer Selbstannahme.

Der wesentlichste Baustein zur Selbstannahme wird in unserer Kindheit und Jugend gelegt. Wer ein hohes Maß an Liebe, Zuwendung und Akzeptanz durch seine engsten Bezugspersonen erfahren hat, in der Regel durch die Eltern, bekommt hier kaum Probleme. Aber bei vielen Menschen war das nicht der Fall. Sie neigen deshalb zu Ängsten, Hemmungen und Depressionen oder sind unausgesetzt auf der Suche nach Bestätigung.

In unserer klinischen Suchtkrankenarbeit erleben wir täglich Menschen, die entweder ihr mangelndes Selbstbewusstsein mit Alkohol zu betäuben versuchten oder ihn brauchten, um ihre vermeintliche Größe zu demonstrieren.

Ziel unserer Therapie ist es, dass sie ihre Schwächen erkennen und daran arbeiten, aber auch den Mut zur Unvollkommenheit gewinnen, dass sie ihre Stärken und Begabungen entdecken, sie im praktischen Lebensalltag für sich und andere nutzen und sich dankbar an ihnen freuen – kurz gesagt, dass sie sich selbst annehmen, endlich sich selbst leiden können. –

„Ich bin ausgelaugt, einsam, müde. Ich bin am Ende", schreibt **Roy**. Dabei ist er ein talentierter und erfolgreicher junger Mann.

Carolyne leidet unter ihrem ausgeprägten Leistungsdenken. „Hauptsache perfekt" ist ihr Lebensmotto, an dem sie beinah zugrunde geht.

Peters Unsicherheit äußert sich darin, dass er nicht Nein sagen kann. Und das ärgerte ihn sehr. „Ich bin ein elender Jasager. Ein Waschlappen!"

Ray Burwick

„Wer bin ich?"

Roy ist ein hochintelligenter junger Mann Mitte der Zwanziger und bekleidet eine prestigeträchtige, hohe Position. Schon als Schüler erbrachte er gute Leistungen. Trotzdem leidet er unter großen Ängsten und unter einer schweren Depression.

Was er an einem Sonntagnachmittag aufschrieb, vermittelt einen guten Einblick in seine innere Verfassung:

„Ein schrecklicher Nachmittag: Ich bin ganz benommen von dem Sorgenkarussell, das sich pausenlos in meinem Kopf dreht. Es läuft automatisch, ich bin völlig hilflos dagegen. Und es ist mir nur zu gut bekannt – weil es immer und immer wieder in Erscheinung tritt.

Dabei geht es nur um ein Thema: meine Wertlosigkeit und meine Armseligkeit. Altbekannte Ängste schütteln mich durch und schnüren mir die Luft ab. Ich bin völlig verängstigt, irritiert, ausgelaugt, einsam, müde. Ich bin am Ende.

Ein nagendes Gefühl sagt mir, ich sei dem Lebenskampf überhaupt nicht gewachsen. Und obwohl ich das Gegenteil bewiesen habe, stecke ich weiter in dieser Zwangsvorstellung."

Roy hatte in gewissen Zeitabständen immer wieder mit solchen zerstörerischen Gedanken zu kämpfen. Tagelang war er dann zu nichts zu gebrauchen. Er schreibt weiter:

„Meine Umgebung muss mich für einen völligen Versager halten. Ich habe – wie gesagt – das Gegenteil bewiesen, aber ich fürchte immer, bei näherem Zusehen werden die anderen dahinterkommen, wie nutzlos ich bin. Ich habe nichts, worauf ich mich stützen könnte. Ich bin so kraftlos und weiß einfach nicht, woher ich meine Selbstachtung nehmen sollte.

Ich bin hin- und hergerissen zwischen den Wechselbädern von Liebe und Hass, Zufriedenheit und Elend. Heute wäre mir der Tod lieber als das alles! Ich kann mich gegen meinen Feind, mein eigenes Ich, nicht länger wehren.

Mit allem, was ich tue, will ich äußerlich Eindruck machen. Was werden die anderen von mir sagen oder denken? Gelingt es mir wieder, sie zu täuschen? Reicht meine Selbstachtung diesmal gerade noch aus? Stimmt meine Kleidung, gebrauche ich die richtigen Worte, habe ich Umgang mit den richtigen Leuten? Bin ich gescheit genug, interessant genug, gebildet genug? Wahrscheinlich nicht! Und mir graut vor den Folgen.

Ich habe Angst vor mir selbst. Ich habe Angst, dass ich durch und durch schlecht, hoffnungslos absonderlich und absolut Abscheu erregend bin.

Woher kommen diese Ängste? Warum hören sie nicht auf, mich zu verfolgen? Warum nehme ich sie für bare Münze?

Weil ich gar nicht anders kann. An einem Tag wie heute bin ich nicht ich selbst. Ich werde von einer bösen, zerstörerischen Macht buchstäblich verschlungen. Ich leide schrecklich darunter.

Ist dies eine Stoffwechselstörung? Oder ist es satanisch? Ich weiß nur, dass es ganz real ist, wo immer es herkommt. Und ich bete um Befreiung: Sei mir gnädig, Gott, denn meine Seele leidet Todesängste!"

Über seine Kindheit schreibt Roy: „Ich habe nie Fußball gespielt. Dazu war ich zu zart – wie zu allem andern auch. War ich ein Muttersöhnchen? Ein Weichling? Eigentlich nicht, denn ich kämpfte dagegen an. Ich habe mich immer danach gesehnt, von meinen Spielkameraden anerkannt zu werden, besonders von den Jungen. Doch das war praktisch nie der Fall. Selbst mein Vater lehnte mich ab. Er war sehr kritisch gegen mich, ja, ich merkte sogar, dass er sich wegen mir schämte. Er musste es hinnehmen, dass es mich gab, aber er musste mich ja nicht lieb haben. Und er versuchte, alles an mir zu ändern: von meiner Art zu essen bis zu meiner Sprechweise. Selbst heute noch missfalle ich ihm. Erst kürzlich sagte er mir, ich sei ihm zu affektiert und meine Freundin gefiele ihm nicht.

Ich habe all die Jahre immer wieder versucht – ja, verzweifelt nach Gelegenheiten gesucht –, seine Anerkennung zu gewinnen. Wenn er doch nur einmal sagen würde, dass ich in Ordnung bin, und nicht nur widerwillig das akzeptieren würde, was mir unübersehbar gelungen ist. Diese Art Anerkennung ist aber unecht, weil sie nur seiner Überraschung entspringt und sein negatives Bild von mir im Grunde unangetastet lässt.

Hier liegen wohl auch die Ursachen, warum ich mich selbst nicht bejahen kann. Ich muss ihnen nachgehen und sie bewältigen. Ich muss zum Urgrund zurückkehren, um geheilt zu werden.

Ich brauche mich daher nicht zu wundern, dass es mich schmerzt, wenn ich sehe, wie leicht andere mit ihrem Leben fertig werden. Zum Beispiel ist mein Freund Joe mit seinem Vater zum Angeln gegangen. So entwickelte sich zwischen ihnen eine gute Kameradschaft und gegenseitige Achtung.

Ich dagegen wurde achtlos weggeworfen wie Strandgut.

Hinzu kommt, dass ich in unserer Familie der Sensibelste war. Ich hätte keiner Fliege etwas antun können. Diese Feinfühligkeit machte mein Los noch schwerer.

Dann geschah etwas. Es war in der fünften Klasse, ich erinnere mich noch gut daran. Meine Lehrerin und eine Mitschülerin verschworen sich gegen mich und stießen mich aus der Klassengemeinschaft aus. Ich drehte durch und verlor den letzten Rest an Lebensmut.

Im selben Jahr hatten wir mein geliebtes Zuhause in der Stadt aufgegeben und damit meine Sicherheit und meine erste Liebe. Wir zogen in eine abgelegene ländliche Gegend. Keine anderen Häuser weit und breit, nicht einmal Radfahrwege. Außerdem wurde meine Mutter krank.

Sie wurde heimlich weggebracht, Näheres sagte man uns nicht. Musste sie sterben? Wir wussten es nicht. Warum fing auch sie an, mich abzulehnen? Ich schrie innerlich um Hilfe, fand aber keine.

Zu Hause waren wir Kinder Opfer von Vaters Gereiztheit. Ich erinnere mich an das erste Gefühl der Auflehnung gegen meinen Vater, als wir stundenlang auf dem neuen Grundstück Kiefernzapfen und Zweige auflesen mussten. Ich sagte zu Jack, das sei ungerecht und dass Vater uns gar nicht lieb hätte. In dieser Zeit verschlimmerte sich auch sein tägliches Trinken.

Seitdem habe ich nie wieder eine angstfreie Beziehung zu ihm gehabt. Ich nehme ihm sein Trinken heute noch übel. Und zwar aus naheliegenden persönlichen Gründen. Denn Vater trank auch immer, wenn ich mit ihm zusammen war; dann also, wenn sich eine Vater-Sohn-Beziehung hätte entwickeln können. Deshalb verachtete ich ihn und zog mich innerlich noch mehr von ihm zurück. Er wurde stumpfsinnig, gleichgültig und gänzlich ungenießbar. Ich konnte wahrlich nicht stolz auf ihn sein. Mutter war ohnehin nachdrücklich gegen das Trinken, weil es in ihrer Familie eine verhängnisvolle Neigung zum Alkoholismus gab.

Wenn ich heute nur höre, wie die Eiswürfel in ein Glas fallen, werde ich wütend. Das Geräusch ist für mich gleichbedeutend mit dem abrupten und ungewollten Ende einer schönen Zeit, die ich mit Vater hätte verbringen können, wenn er nicht getrunken hätte.

Kein Wunder also, dass ich von jemandem wie z. B. Joe beeindruckt bin und ganz wie er sein möchte.

Joe und andere sind frei von Konflikten und Ängsten, sie haben ein gesundes Selbstvertrauen, unabhängig von ihren Stärken und Schwächen. Sie haben sich selbst angenommen und wissen sich von Gott angenommen – und das hilft ihnen in jeder Lage.

Dass ich mich selbst ablehne, wurde mir anerzogen und umschließt mich jetzt wie eine zweite Haut." –

Dies ist die Geschichte eines intelligenten, begabten, erfolgreichen jungen Mannes, der sich jedoch ganz anders fühlt. Wie kann Roy heute ein gesundes Selbstwertgefühl auf einem solchen Trümmerfeld aufbauen?

Carolyne
„Hauptsache perfekt!"

Perfekt zu sein – das strebte ich von klein auf an.

Ich habe eine wunderschöne Schwester. Die Leute drehten sich nach ihr um, wenn wir zusammen die Straße entlanggingen. Ich war nie eifersüchtig auf sie. Ich mochte sie, aber ich war halt das „hässliche Entlein". „Lieb sein ist wichtiger als schön sein", sagte meine Mutter dann, um mich zu trösten.

Ich versuchte danach zu leben und stellte schon sehr früh fest: Wenn ich tat, was andere von mir erwarteten, erkannten sie mich an und gaben mir Streicheleinheiten. In der Laienspielgruppe unserer Gemeinde habe ich viele Rollen gespielt. Das fiel mir leicht, denn ich habe mein Leben lang geschauspielert – ich war jemand anderes und nicht ich selbst.

Viele Jahre wusste ich nicht, wer ich wirklich war, denn ich versuchte so zu sein, wie meine Umgebung mich haben wollte. Das war harte Arbeit. Es war so hart, dass ich, als ich vor zwanzig Jahren Christ wurde, äußerst erleichtert war, die Liebe von Christus annehmen zu können und zu wissen, dass er mich so annahm, wie ich war. Lange Zeit war das alte Lebensmuster nicht mehr gültig, und mein Leben wurde aktiv, glücklich und sinnvoll. Aber irgendwie schlichen sich die alten Denkmuster wieder ein und mein Perfektionismus tauchte wieder auf. Ich versuchte, mir Gottes Liebe und Anerkennung genauso zu verdienen, wie ich es früher bei Menschen getan hatte.

Doch das ging schief. Gott musste es misslingen lassen, denn seine Liebe können wir uns nicht verdienen. Er hat uns schon angenommen – Leistung ist nicht nötig! Aber ich habe mich weiter mit aller Kraft bemüht, eine perfekte Christin zu sein. Vergeblich.

Daraufhin kehrten sich meine Gedanken immer mehr nach innen und ich beschäftigte mich nur noch mit mir selbst. Unbewusst baute sich dabei in mir Zorn und Groll gegen all die Menschen in meiner Umgebung auf, die – wie ich meinte – von mir Perfektsein erwarteten.

All das hat mich krank gemacht, körperlich krank: Ich hatte Probleme mit meinem Nacken bekommen – die Nackenwirbel waren angegriffen. Deswegen erhielt ich drei Jahre lang entzündungshemmende Mittel, die als Nebenwirkung Muskelschmerzen, Depressionen und Verdauungsstörungen auslösten. Hinzu kam eine Milchallergie, die wiederum andere Probleme zur Folge hatte. Dann stellten sich im Nierenbereich Schmerzen ein. Ich konsultierte einen Nierenspezialisten. Er riet mir zu einem operativen Eingriff. Aber dazu hatte ich weder Zeit noch Kraft. Endlich wurde mir klar, dass ich Hilfe brauchte, und ich suchte Beratung.

Das Ergebnis der Beratungsgespräche war erstaunlich. Ich brauche für meinen Nacken keine Medikamente mehr. Die Nierenoperation erübrigt sich. Die Depression ist verschwunden. Ich erlebe eine Freiheit und ein Heilsein wie noch nie. Ich bin wie neugeboren. Das erinnert mich stark an das Erlebnis vor zwanzig Jahren, als ich mein Leben Jesus Christus erstmals übergab. Jetzt habe ich ihn und seine Freiheit neu erfahren.

Und das ist für mich erlebte Wirklichkeit. Das hat mich geistlich, körperlich, gefühlsmäßig und geistig von Grund auf verändert.

Jahrelang trug ich meine lächelnde christliche Maske und hätte nie zuzugeben gewagt, dass ich Probleme hatte. Mein Stolz hielt mich davon ab – und ich bekam diese körperlichen Beschwerden. Erst als ich mich über den Stolz hinweggesetzt hatte, fand ich Hilfe. Jetzt bin ich frei! Das ist mir unendlich kostbar. Ich bin aber auch dankbar für die früheren Probleme, denn ohne sie hätte ich nie diese Hilfe erfahren und solche Zuversicht für die Zukunft gefunden.

Peter
Ein Mann mit Rückgrat

„Ich komme mir vor wie ein Waschlappen", brachte Peter in einer Behandlungsstunde mühsam hervor. „Ich bin ein elender Jasager. Mein Kollege Gerhard hat mich wieder einmal einfach um den Finger gewickelt. Wenn ich ihn nur kommen sehe, stehe ich schon unter Strom."

„Um den Finger gewickelt?", fragte ich, um ihn zum Weitersprechen zu ermutigen.

„Na ja – zum Beispiel am Getränkeautomaten. Fast täglich spricht er mich an, ich solle ihm fünfzig Cent leihen. Bis jetzt sind dadurch mindestens fünfzig Euro zusammengekommen, die ich ihm geliehen habe."

„Und Sie geben ihm weiter das Geld?"

„Natürlich. Was soll ich denn machen? Er hängt sich an mich, wenn ich in der Pause zum Getränkeautomaten gehe. Dann klopft er seine Hosentaschen ab, schnipst mit den Fingern und sagt, er hätte zufällig kein Kleingeld dabei, ob ich ihm wohl etwas leihen könnte. Ich gebe ihm was, er sagt danke und verspricht, es mir morgen wieder zurückzugeben. Aber bis jetzt hat er mir noch keinen einzigen Cent zurückgezahlt. Inzwischen bin ich so wütend, dass ich ihm eine reinhauen könnte. Aber noch mehr bin ich wütend auf mich selbst. Warum lasse ich das mit mir machen?"

Peter musste erst überzeugt werden, dass es nicht immer und überall schlecht ist, Bitten anderer Leute abzuschlagen. Er lernte zu unterscheiden, auf welche Bitten er eingehen sollte und auf welche nicht. Im vorliegenden Fall begriff Peter, dass Gott nicht von ihm erwartete, Gerhards unverschämtes Geldborgen zu fördern und zu unterstützen.

Peter lernte, Gerhard klar mit Nein zu antworten. Er erlebte eine neue Freiheit, dies in verschiedenen Situationen auch anderen gegenüber zu tun.

„Nein, Gerhard", sagte Peter am nächsten Vormittag am Getränkeautomaten. „Heute leihe ich dir kein Geld für den Kaffee, weil du mir das Geld noch nicht zurückgegeben hast, das ich dir geliehen habe. Ich bin nicht länger bereit, deine Getränke zu bezahlen. Pumpe mich also nicht mehr an!"

Das fiel Peter nicht leicht und auch Gerhard gefiel das gar nicht.

Wichtig war aber, dass es Peter wirklich besser ging. Seine Niedergeschlagenheit verschwand und der Knoten in seinem Magen löste sich. Er begann sich als Mann mit Rückgrat zu fühlen. *William Backus*

Anregungen für das Gruppengespräch:

Impulsfragen:

- *Was bedeutete ich als Kind für meine Eltern? Wie haben sie ihre Wertschätzung (oder auch das Gegenteil) mir gegenüber ausgedrückt?*
- *Was schätze und mag ich selbst an mir?*
- *Was (meine ich) mögen andere an mir?*

Gruppenübung im Stuhlkreis *(ein Platz bleibt frei)*: „Mein rechter Platz ist leer – ich wünsche mir (Namen aus der Gruppe) her!" – Der/die Genannte setzt sich daneben und der „Wünschende" sagt ihm/ihr mindestens zwei Eigenschaften, die er besonders an ihm/ihr wertschätzt, möglichst auch kurz beispielhaft begründen. Mögliche Variante: *Evtl. gleich von Beginn an oder als weiterführende erschwerende Übung): Mindestens eine kritische (negative) Eigenschaft („Mich stört/ärgert an dir ...") und danach eine positive Eigenschaft („Ich mag/schätze an dir...") nennen.*

Ein weiterer Text zu diesem Kapitel:
Siegfried: „Ich kann mich wieder akzeptieren", Seite 56

„Es ist noch kein Meister vom Himmel gefallen"
Eingefahrene Wege verlassen – neues Verhalten wagen

„Das schaffe ich nie", stöhnt Karl im therapeutischen Gespräch, als ich ihn bitte, seinen Ärger über einen Mitpatienten in die Therapiegruppe einzubringen. Er hat große Angst davor, sich wieder einmal nicht wehren zu können und hilflos dazustehen. Soll er – wie er es bisher gewohnt war – „den Kopf einziehen" oder will er eine Konfrontation wagen?

Wie ihm fällt es den meisten Menschen schwer, vertraute Verhaltensweisen zu verlassen. Erst wenn sie selbst oder andere, ihnen persönlich wichtige Menschen unter ihrem Verhalten leiden, sind sie dazu bereit. In jeder Therapie, und besonders in der Suchtkrankenbehandlung, geht es um die Änderung von Verhalten. Es gehört viel Mut dazu, sich darauf einzulassen.

So erlebt es **Elisabeth**, die meint, es ihrem alkoholabhängigen Mann immer recht machen zu müssen. Inzwischen glaubt sie schon, selbst nicht mehr „normal", sondern „verrückt" zu sein. Da entschließt sie sich an einem Abend, es einmal ganz anders als bisher zu machen.

Lisa bekommt jedes Mal beim Betreten eines Geschäftes Panikattacken. Sie wagt dann nicht, mit den Verkäufern zu sprechen. Nun möchte sie etwas dagegen unternehmen und unterbreitet ihrem Mann Markus einen Vorschlag.

Aus innerer Unsicherheit trauen sich viele Menschen nicht, Nein zu sagen – und ärgern sich hinterher über sich selbst. Im **Besuch des Vertreters** ist eine typische Szene eingefangen.

Dieter schreibt nach seiner harten, doch erfolgreichen Therapie in unserer Fachklinik: Am Beginn stand die Angst – und am Ende wichtige Veränderungen.

Christina Parker
„Du kannst gern später essen"
Elisabeth fasst einen Entschluss

Elisabeth war eine intelligente, junge Hausfrau. Dennoch war ihre Wohnung ständig unaufgeräumt. Sie konnte es ihrem alkoholkranken Mann nie recht machen, dauernd kritisierte er sie und beschwerte sich. So hatte sie im Laufe der Jahre fast ihr ganzes Selbstwertgefühl verloren. Genauer gesagt hatte Max, ihr Mann, sie schon fast davon überzeugt, dass sie die „Verrückte" war, nicht er. Sie verwandte viel Zeit und Kraft darauf, auf ihn und seine Wünsche einzugehen.

Elisabeth war früher eine zuversichtliche, selbstbewusste junge Frau gewesen. Doch inzwischen war sie davon überzeugt, kein normaler Mensch zu sein, der es verdiente, ein normales Leben zu führen. Und sie schämte sich auch noch dafür, dass sie sich so fühlte.

Irgendwann wurde ihr jedoch klar, dass sie so nicht weiterleben konnte – dass sie ein normaler Mensch sein konnte, wenn sie sich wie einer verhielt. Um damit anzufangen, das wusste sie, brauchte sie sich nicht einmal normal zu fühlen. Wenn man sein Verhalten ändert, verändern sich die Gefühle meist auch bald.

Elisabeth nahm sich vor, als erstes die Sache mit dem Abendessen zu ändern. Seit Max immer später nach Hause kam, gab es beim Abendessen ständig Streit, den er meistens provozierte. Elisabeth hatte immer Angst davor, und deshalb hatte sie eingeführt, dass erst spät am Abend gegessen wurde – auch wenn das für ihre hungrigen Kinder ziemlich hart war. Doch wenn Max dann ausnahmsweise einmal direkt von der Arbeit nach Hause kam, war er wütend, weil noch kein Essen auf dem Tisch stand.

Eines Tages sagte sie ihrem Mann und den Kindern, dass es von nun an um halb sechs Abendbrot gebe, egal, ob jemand fehle oder nicht. Nach ein paar Wochen hatte sich das bewährt und es war so viel leichter für sie und die Kinder. Das meiste konnte man sowieso einfach wieder aufwärmen, falls jemand später kam.

Diese Veränderung war so gut, dass sich Elisabeth einen Monat später entschloss, noch einen Schritt weiter zu gehen. Bis dahin hatte sie für Max das Essen immer aufgewärmt und ihn bedient, wenn er später nach Hause kam. Irgendwie hatte sie das Gefühl, noch nicht mit ihrer Arbeit fertig zu sein, bis er gegessen hatte, auch wenn es schon nach Mitternacht war.

Eines Morgens, als Max nüchtern war, sagte sie ihm: „Ich bin spät abends viel zu müde, um noch in der Küche herumzustehen, dein Essen aufzuwärmen und es dir zu bringen. Wenn die Kinder und ich fertig sind, werden wir dir in Zukunft das Essen in der Küche stehen lassen. Wenn du hungrig bist, kannst du dich selbst bedienen." Sie hat so ihre eigenen Bedürfnisse ausgedrückt, ihm keine Predigt gehalten, ihn auch nicht beschuldigt oder ihn um Erlaubnis gebeten.

Zu ihrer Überraschung war Max einverstanden. Und bald fühlte sie sich viel besser, fast wieder wie früher, als sie noch selbstbewusst gewesen war. Manchmal fühlte sie sich nicht wohl dabei, wenn Max abends sein Essen aufwärmte, und sie musste sich zwingen, nicht in die Küche zu gehen. Aber sie wusste, dass er so spät kam, weil er trank, und sie tat ihm keinen Gefallen, wenn sie sein Fehlverhalten auch noch unterstützte.

Eines Abends wollte er sie dann auf die Probe stellen und sagte: „Würde es dir etwas ausmachen, mir das Essen zu machen?"

Es war bereits sehr spät und sie wollte gerade zu Bett gehen. „Ja, es macht mir etwas aus", antwortete sie deshalb. Daraufhin ging er in die Küche und grummelte etwas wie: „Welche Frau würde ihrem Mann einen solch einfachen Wunsch abschlagen? Es ist schließlich deine Pflicht, für mich zu sorgen." Aber er konnte ihr keine Schuldgefühle einreden, sie fühlte sich vollkommen im Recht. Sie wusste, dass ihn sowieso nichts davon abhalten konnte, sich zu beschweren, wenn er gerade dazu in Laune war.

Durch ihre Weigerung hatte Elisabeth ihrem Mann die Möglichkeit gegeben, sich erwachsener und verantwortlicher zu verhalten. Sie hatte ihn einen kleinen Teil der Folgen seines Trinkens selbst tragen lassen. Sie hatte weniger für ihn getan und ihm damit etwas Gutes erwiesen.

Das neue Verhalten war auch für sie selbst gut. Da sie nun abends mehr Zeit hatte, konnte sie wieder zu nähen anfangen, ihr altes Hobby. Sie war zufriedener und deshalb stritt sie sich auch seltener mit Max. Mit ihren neuen Grundsätzen zeigte sie Max viel mehr Liebe als vorher. Indem sie für sich selbst und ihre Bedürfnisse sorgte, half sie ihm, sich seinem Trinkproblem zu stellen.

Cheryl Sanfacon
Lisa schafft es

Markus und Lisa bogen in den Parkplatz des Einkaufszentrums ein. Während Markus den Schalthebel auf Parkposition schob und seinen Anschnallgurt löste, fiel ihm auf, dass Lisa plötzlich sehr still geworden war. Geistesabwesend starrte sie vor sich hin.

„Hallo!", rief Markus, „wir sind gelandet. Aussteigen bitte!"

Lisa wandte sich ihm abrupt zu. „Tut mir Leid", sagte sie, indem sie nach dem zu großen Pullover griff, der zurückgegeben werden sollte.

„Ich habe es mir überlegt: Vielleicht sollte ich den Pullover selbst zurückgeben."

Markus lachte. „Du?", platzte er heraus. „Du hast es noch nie geschafft, etwas zurückzugeben. Du hast doch Angst vor Verkäufern, oder nicht? Du hast doch Angst, sie könnten dich anschreien."

„Ich weiß", sagte Lisa ruhig. „Das war mein altes Ich. Jetzt glaube ich, dass ich es schaffe."

„Gut", lächelte Markus. „Das will ich sehen! Ich bleibe in der Nähe für den Fall, dass es schief geht."

Beide lachten, während sie auf das Geschäft zugingen. Am Eingang blieb Lisa einen Moment stehen. Ihr Herz pochte heftig und Schweißperlen standen auf ihrer Stirn.

„Siehst du", sagte Markus. „Gib mir die Tasche."

„Nein", erwiderte Lisa. „Ich schaffe das schon."

Sie bahnte sich den Weg durch das Labyrinth von Regalen und Menschen zur Strickwarenabteilung. Sie sah die Verkäuferin hinter der Theke an. Zunächst schien ihr, die Verkäuferin habe Klauen statt Hände und ein Vampirgebiss. Doch Lisa ließ sich nicht einschüchtern. Dieses Mal wollte sie die Sache zu Ende bringen.

Sie trat auf die Theke zu. „Kann ich Ihnen helfen?", fragte die Verkäuferin. Lisa schluckte schwer. „Ich möchte diesen Pullover zurückgeben. Es ist … es ist nicht wegen eines Fabrikationsfehlers oder so. Er passt mir einfach nicht. Ich habe abgenommen und der Pullover hängt an mir wie ein Sack."

Die Verkäuferin lächelte, nahm ohne jeden Einwand Pullover und Kassenbeleg entgegen und gab Lisa das Geld zurück, das der Pullover gekostet hatte.

Lisa richtete sich auf, lächelte Markus kurz zu und steckte das Geld ein. Sie war soeben in mehrfacher Hinsicht reicher geworden.

Dieser Vorgang mochte äußerlich unbedeutend erscheinen, war in Wirklichkeit aber sehr bedeutungsvoll: Zum ersten Mal seit vielen Jahren hatte Lisa sich behauptet. Sie hatte sich mit ihrer Angst auseinander gesetzt, jedes Mal beim Betreten eines Geschäfts eine Panikattacke zu bekommen. Sie hatte mit einem fremden Menschen gesprochen und gesagt, was sie wollte. Und sie war damit problemlos durchgekommen.

Anregungen für das Gruppengespräch:
Welche Situationen machen den Teilnehmern Angst?
Spielen Sie das alte und ein neues Muster durch. Wie fühlen Sie sich dabei?

William Backus
Die Freiheit, Nein zu sagen

Ist Ihnen an Ihrer Haustür auch schon so etwas passiert?

Vertreter: Ich möchte Ihnen ein paar Fragen stellen. Schneiden Sie manchmal Gemüse?

Sie: (zögernd) Ja.

Vertreter: Dann wissen Sie ja, wie mühsam das sein kann, besonders wenn man nur ein normales Küchenmesser hat. Wie oft schneiden Sie Gemüse? Vermutlich mindestens einmal pro Tag.

Sie: Ja, es sei denn, wir haben etwas anderes, Nudeln zum Beispiel.

Vertreter: Wenn Sie bis jetzt ein Messer benutzen, kann ich Ihnen zeigen, wie Sie durch eine kleine Umstellung eine Menge Geld und Zeit sparen. Sie wollen doch Geld und Zeit sparen, oder?

Sie: Natürlich, ja, aber …

Vertreter: Das will doch jeder! Wenn Sie mich in Ihre Küche lassen, könnte ich Ihnen Erstaunliches zeigen.

Sie: Na gut, kommen Sie herein.

Der Vertreter demonstriert sein Küchengerät und Sie sind beeindruckt.

Vertreter: Sie können es sich nicht leisten, hierauf zu verzichten. Ich weiß, was ich mache: Ich überlasse Ihnen dieses Supergerät mit dreißig Prozent Rabatt auf den Listenpreis – das gilt natürlich nur für heute. Sie können es auch nicht im Laden kaufen. Es ist eine einmalige Gelegenheit! Ich rechne mal eben alles zusammen ... Sehen Sie hier. Neunundneunzigfünfundneunzig. Und wenn Sie jetzt gleich bezahlen, gebe ich Ihnen zwei Ersatzklingen obendrauf.

Sie: Hm, ich weiß nicht ...

Vertreter: Zeit ist Geld! Überlegen Sie einmal, was Sie dadurch alles sparen, Sie können so ein tolles Angebot gar nicht ablehnen.

Sie: Na ja, in Ordnung. Ich hole eben meinen Geldbeutel.

Wollten Sie das Gerät wirklich haben? Natürlich nicht. Und eigentlich wollten Sie auch nicht soviel Zeit für dieses Vertretergespräch und die Demonstration verplempern. Ihr Kaufwiderstand wäre mit dem Wörtchen „Nein" durchzusetzen gewesen. Aber dieses Wort haben Sie nicht gebraucht!

Dieter
„Am Beginn stand die Angst"
Eine harte, aber erfolgreiche Therapie

Als ich das Curt-von-Knobelsdorff-Haus betrat, wirkte ich äußerlich zwar ruhig, innerlich war ich jedoch völlig verängstigt und verzweifelt. Ich fühlte mich hilflos und verlassen.

Da begegnete mir ein Mitpatient, den ich bereits aus meiner Blaukreuz-Gruppe kannte. Es war wie ein Lichtblick in der Dunkelheit und ich spürte: Da ist jemand, der das alles schon eine Weile durchgestanden hat, hier ist ein Vertrauter. Diese Begegnung half mir ungemein.

Im folgenden Aufnahmegespräch verstand es die Therapeutin, mir einen Teil meiner Angst zu nehmen und mich zu ermutigen.

Die erste Gruppentherapiestunde werde ich nie vergessen: Denn ich hatte wieder große Angst, und um das nicht zu zeigen, verteilte ich erst einmal Rundumschläge an alle. Dabei bekam meine Therapeutin am meisten ab.

Sie war die Einzige, die sich dagegen wehrte, und deshalb schlug ich besonders hart auf sie ein. Daraufhin stellte sie mir frei, mir für die Einzeltherapie einen anderen Therapeuten im Hause zu suchen.

Doch nun war ich neugierig auf diese Frau geworden und blieb bei ihr in der Therapie. Und das war, wie ich später feststellte, auch eine gute Entscheidung. Denn es gelang ihr mit viel therapeutischem Geschick und mit Geduld, mich aus meiner Angst und Verschlossenheit herauszuholen. Ich konnte mich unter ihrem Schutz öffnen und meine Verwundbarkeiten und die bisher streng gehüteten „Geheimnisse" meines Lebens preisgeben.

Auch die Beschäftigungstherapeutin half mir bei meiner Arbeit an mir selbst. In enger Abstimmung miteinander konfrontierten mich beide Therapeutinnen mit meinem Problemverhalten und trugen so zu entscheidenden Veränderungen in meinem Verhalten und in meiner Einstellung zu mir und zum Leben bei.

Nun war es mir wichtig, mich auch der handfesten Arbeit in einem Fertigungsbetrieb zu stellen: Ich landete im Arbeitstherapiebereich „Offsetdruck" und erhielt einen strengen Vorgesetzten.

Zunächst fiel es mir schwer, mich an die festen Regelungen für Arbeitszeit und Pausen zu halten. Auch hatte ich das Gefühl, ständig unter Kontrolle zu stehen, was mir ganz und gar nicht schmeckte.

Doch mehr und mehr gewöhnte ich mich an diese reale Arbeitswelt. Am Ende der Zeit in der Druckerei konnte ich sagen, dass ich mit meinem Arbeitsstil zufrieden war. Mir fiel das Arbeiten nach der Uhr nicht mehr schwer. Ich merkte oftmals gar nicht mehr, wie schnell die Arbeitszeit verging. Das Arbeiten machte mir viel Freude und gab mir die Bestätigung, wieder ein vollwertiges Mitglied in der Gemeinschaft zu sein.

Es ist gar nicht so einfach für mich in Worte zu fassen, welche positiven inneren und äußeren Veränderungen während der Therapiezeit in und bei mir entstanden sind. Doch ich möchte es einmal versuchen:

- Ich habe meine früher oft so unkontrolliert ausgedrückte Wut besser in den Griff bekommen.
- Ich habe gelernt, auch den Menschen, die ich liebe, weh zu tun, ihnen Grenzen aufzuzeigen, ohne deswegen gleich Schuldgefühle zu haben.
- Ich kann etwas annehmen, ohne gleich daran zu denken, dafür eine Gegenleistung erbringen zu müssen.

- Ich kann mich inzwischen selbst akzeptieren mit meinen Fehlern und Schwächen, eben so, wie ich bin. Ich muss nicht immer der Beste sein.
- Ich habe gelernt zuzuhören, ohne den anderen zu unterbrechen, wenn mir etwas nicht passt, obwohl es mir manchmal stark in den Fingern kribbelt.
- Ich kann auch ein Lob hören, ohne zu meinen, ich müsste mich dafür rechtfertigen.

Und besonders wichtig ist für mich:

- Ich kann jetzt über meine Gefühle reden, ob es Trauer, Schmerz, Glück, Angst oder Leid ist, ohne mich dafür zu schämen und ohne zu befürchten, ein anderer könnte mich deswegen auslachen.

Mein Wunsch für die Zukunft ist, dass ich alles, was ich in meiner Therapiezeit gelernt habe, „draußen" in die Praxis umsetzen und leben kann.

Anregungen für das Gruppengespräch:
Impulsfragen:
- *Kenne ich „eingefahrene Wege" bei mir und wie zeigt sich dies in meinem Leben?*
- *Was könnte ich „gewinnen", wenn ich neues Verhalten wage?*
- *Welche konkreten Schritte sind notwendig, um mich zu verändern? Wer und was könnte mir dabei helfen?*

Weitere Texte zu diesem Kapitel:
William Backus: „Bittet, und euch wird gegeben", Seite 130
Christine: „Dann kann ich ja jetzt trinken so viel ich will", Seite 60
Eva: „Warum können wir nicht wie normale Leute leben?", Seite 66
Peter: „Ein Mann mit Rückgrat", Seite 141

„War denn alles umsonst?"
Rückfall muss keine Katastrophe sein

„Hilfe, mein Mann ist wieder rückfällig!" Angstvoll, wütend und enttäuscht bricht es aus der Ehefrau heraus. Voller Grauen stehen die alten Bilder des Elends wieder vor ihren inneren Augen. Der Rückfall kann in der Tat der Wiedereinstieg in das frühere Trinkverhalten sein. Er kann aber auch zur Chance werden, sich aktiv mit seinen Defiziten auseinander zu setzen.

Wir sprechen nur dann von einem Rückfall, wenn der Suchtkranke zuvor eine klare und ehrliche Entscheidung zur Abstinenz getroffen hatte. Bei Suchtkranken, die schon längere Zeit abstinent gelebt haben, tritt ein Rückfall meist nicht plötzlich auf, sondern steht am Ende eines Prozesses, der sich über einen gewissen Zeitraum entwickelt hat: Häufig fehlt dem Betroffenen die Freude am Leben, er ist unzufrieden und sieht keinen Sinn in seinem Dasein. Schließlich wird eine Belastungssituation für ihn zum äußeren Anlass, wieder zum alten Tröster zu greifen.

Die Hilfe liegt darin, in der Familie, der Blaukreuz-Gruppe und bei einem vertrauten professionellen oder ehrenamtlichen Suchtberater in aller Offenheit über den Rückfall zu sprechen. Denn dann können Hintergründe, Vorsignale und Ablauf des Rückfalls gründlich aufgearbeitet und alternative Konfliktlösungen gemeinsam entwickelt werden.

Kris befindet sich zur Entwöhnungsbehandlung in einer Suchtfachklinik. Die therapeutische Arbeit löst bei ihr starke seelische Erschütterungen aus. Manchmal wünscht sie sich deshalb ihr altes Narkotikum der Seele zurück. Da nimmt sie plötzlich bei zwei Mitpatientinnen den fast vergessenen Geruch von Alkohol wahr und lässt sich in deren Rückfall mit hineinziehen.

Rita ist in Panik. Ihr Mann trinkt wieder. Als sie sich an einen Berater wendet, stellt der ihr einige unerwartete Fragen.

Ernst ist nach Jahren des Kampfes von der Sucht frei geworden. Manche alte Freunde versuchen, ihn wieder zum Trinken zu verführen. Aber die gefährlichste Bedrohung seines neuen Lebens kommt nicht von außen, sondern von innen.

Kris
„Ein längst vergessener Geruch"

Wenn auch die Traurigkeit nicht aufhörte, so wuchs doch ein ungeahnt starker Wille, sie auszuhalten, um zu sehen, was danach käme.

Fast gewiss war mir, dass nach der Traurigkeit, wenn ich nur die Kraft hätte, sie unbetäubt auszuhalten, eine nie gekannte Klarheit kommen würde. Vielleicht auch Freude. Manchmal war ich mir allerdings gar nicht sicher, dass ich sie aushalten würde, und es war mir jetzt klar, dass ich das Suchtmittel mein Leben lang gebraucht hatte, um diesen irrsinnigen Schmerz zu betäuben,

Manche von uns hielten den Schmerz nicht ohne Betäubung aus. Zu der Zeit, als ich überlegte, wie lange ich wohl noch dieses Sezieren meiner Seele ohne Narkose aushalten könnte, gingen zwei aus unserer Gruppe den altvertrauten Weg. Ich denke heute noch, dass er mir dadurch vielleicht erspart blieb, weil die beiden anderen ihn für mich mit gingen und mir zeigten, dass er nicht dorthin führt, wohin ich Sehnsucht hatte.

Ich weiß nicht mehr, wie Elli in Ruths und mein Zimmer kam. Wir strickten gerade mit anderen aus der Gruppe, denn bei uns war es immer gemütlich. Ruth hatte eine große Gabe, unser Zimmer in Privatatmosphäre zu tauchen. Hier saßen wir also, und jeder hing seinen Gedanken nach. Ich ahnte langsam, dass es keinem besser ging als mir, dass hier so viel Traurigkeit versammelt saß und so viel Schmerz und so wenig Hoffnung. Ich bekam ein anderes Gefühl für diese Menschen, denn wenn ich mir selber so Leid tat, dann mussten die anderen hier mir genauso Leid tun, denn sie fühlten ja wohl wie ich.

Plötzlich ist Elli zwischen uns, und wir riechen sofort ihre Fahne. Ein längst vergessener Geruch, der hier Alarmwirkung hat.

Dass es nur keiner wissen dürfte, ist alles, was sie immer wieder sagt, denn sie weiß natürlich, dass sie *uns* nichts vormachen kann. Wir waren doch alle mit den gleichen Wassern gewaschen und hatten längst aufgehört, so zu tun, als wüssten wir das nicht voneinander.

Es sei ja auch nur ein Schlückchen gewesen, und sowieso sei die Ute schuld daran!

Wir sehen uns erschrocken an: Die auch? Gleich zwei von uns?

Was hatten wir versäumt, um das zu verhindern?

Ich gehe wortlos hinaus, um Ute zu suchen. Aber die ist weg. Im ganzen Haus nicht zu finden. Der Bürodienst endlich kann uns sagen, dass sie das Haus vor einer ganzen Weile wieder verlassen hat. Sie haben nichts gemerkt, und wir dürfen ja jetzt auch abends noch raus. Nein, es gab nichts Ungewöhnliches.

Wir schauen uns ratlos an und brauchen keine Worte in diesem Moment, um uns zu verstehen.

Auf diesem Boden sind wir zu Hause. Hier kennen wir uns aus.

Muss man das denn nun eigentlich melden, oder wäre das Verrat? Beide würden entlassen werden, das ist so üblich hier, und langsam verstehe ich auch, dass es nicht ist, um die einen zu strafen, sondern um die anderen zu schützen vor der Ansteckungsgefahr Alkohol.

Wir alle wissen, dass Elli keinen Lebenswillen hat. Dass sie im Grunde immer noch nicht leben will und ihren ich weiß nicht wievielten Selbstmordversuch unternehmen wird, wenn sie hier rausfliegen sollte. Ihr Mann besteht auf der Kur und hat oft gesagt, er wolle sie nicht wiederhaben, bevor die Therapie nicht „erfolgreich" gewesen sei. Was immer er darunter versteht. Und sie hat ein kleines Kind, das ihr offenbar auch nicht Lebensinhalt genug sein konnte. Wir hatten inzwischen Mann und Kind kennen gelernt, und Elli war uns dadurch mehr geworden. Sie war ein Mensch, eingebunden in eine Umgebung, ihre Familie und in eine Geschichte, ihre Geschichte, die uns kein Geheimnis mehr war.

Ute hat auch eine Familie. Oder zumindest einen Mann, so genau weiß ich das bei ihr nicht. Aber den Mann hatte ich hassen gelernt in vielen Gruppensitzungen, in denen sie ein fast fertiges Bild von ihm malte. Und dadurch, dass sie nur positive Farben verwendete, verabscheuten wir ihn nicht weniger.

Zu ihm würde sie jetzt zurückgehen müssen, und er würde sie wieder in irgendeine Psychiatrie stecken, weil er sich seiner alkoholsüchtigen Frau schämte. So hat er das immer gemacht, und keiner von uns hat so ausgiebige Psychiatrieerfahrungen wie Ute. Nicht mal ich.

Glücklicherweise wird uns die Entscheidung abgenommen. Die Tür wird aufgerissen, und unsere Gruppentherapeutin, am ganzen Körper zitternd, steht mitten unter uns. Wo Ute sei, will sie von Elli wissen. Aber Elli kann nur an Selbstmord denken und plappert mit toten Augen und tonloser Stimme ununterbrochen: Ich bring mich um, ich bring mich um …

Wie eine Platte mit Sprung.

Das hier, das sehe ich gut, ist ein gesprungener, zersprungener Mensch.

Zersprungen unter der Wucht eines Schmerzes, den auszuhalten wir unbetäubt einfach noch nie gewagt und deshalb nie gelernt hatten.

Mir wird auf einmal ganz deutlich: Nicht unter dem Schmerz würde ich zerspringen, nicht unter der Traurigkeit, sondern einzig und allein im Versuch, sie zu betäuben.

Der Alkohol ist das Einzige, das mich wirklich zerstören kann, so wie ich hier die Zerstörung sehe. Alles andere ist auszuhalten.

Soweit ich in diesem Moment zu Mitleid fähig bin, schenke ich es diesem Menschen vor mir und später auch Ute, die wir in irgendeiner Kneipe finden und total betrunken herschleppen. Als der Krankenwagen kommt, um sie zur Entgiftung in die Psychiatrie zu bringen, auf die Station, die ich so gut kenne, stehen wir alle stumm dabei.

Es gibt nichts zu sagen.

Elli ist jetzt auch ganz stumm. Unheimlich stumm und mit zusammengepressten Lippen, weil sie den unheimlichen Satz offenbar nicht mehr herauslassen will.

Anders Ute. Sie tobt und wehrt sich und ist nur mit Gewalt in den Krankenwagen zu kriegen.

Am schlimmsten sind ihre Vorwürfe an uns:

„Ihr denkt alle, ihr seid besser als ich! Die ganze Zeit habt ihr das gedacht, und jetzt denkt ihr es erst recht! Es ist unerträglich mit euch gewesen! Ein Nichts war ich für euch! Ein Nichts!"

Nein, Ute, arme Ute. Du selbst hast dich zum Nichts gemacht, weil du es dir nicht vergeben konntest, Alkoholikerin zu sein wie wir. Weil du dein Bild von einer nichtsüchtigen Ute nicht loslassen konntest!

Die Worte in meinem Herzen rühren sich:

Weil sie als Alkoholikerin nicht geliebt wurde. Oder Angst hatte, als Alkoholikerin nicht geliebt zu werden.

Das ist es also. Ein Stück davon vielleicht.

Als ich im Bett liege, begleiten meine Gedanken und Gefühle die beiden dorthin, wo ich mich viel zu gut auskenne, wo ich fast einmal zu Hause war. Ich gehe mit ihnen durch die geschlossene Panzerglastür und höre zum ersten Mal wieder das Geräusch, das ich vergessen zu haben glaubte: Den großen Schlüsselbund. Die schweren Schritte des müden Pflegers, der Nachtdienst hat. Nachtdienst müssen immer starke Pfleger machen, haben sie mir mal erklärt, weil der Nachtdienst allein ist und es öfter zu Schlägereien kommt mit den Betrunkenen, die nachts eingeliefert werden.

Die zwei tun mir Leid, aber ich merke, dass ich um keinen Preis und nicht einmal in Gedanken mit ihnen hinter dem Panzerglas bleiben möchte.

„Du, Ruth, ich bin so froh, dass ich hier bin!"

„Daran habe ich auch gerade gedacht. Und dabei hatte ich solche Angst, dass ich es auch nicht mehr lange aushalten würde ..."

So waren die beiden diesen Weg also nicht nur für mich allein gegangen.

Ernst Rienecker
Im Gegenwind

Viele Jahre war ich ein öffentlich bekannter Trinker gewesen. Nun bekannte ich auch öffentlich, dass ich nichts Alkoholisches mehr trank. Denn nur so konnte ich mir die Freiheit erhalten, in die Jesus mich gestellt hatte.

Das passte freilich vielen nicht, denn es war ihnen eine beständige Mahnung, und mancher versuchte, mich ins alte Leben zurückzubekehren.

Einmal musste ich meine Mittagspause in einer Gastwirtschaft verbringen, und da saßen gerade so zehn, zwölf Maurer und ihr Anhang im Schankraum. Die fuhren einen Großangriff.

„Schaut euch das an!", legte einer los. „Ist das nicht der Ernst? Seht mal, was der trinkt! Wasser, nichts als Wasser!"

„Armer Ernst", machte ein anderer weiter. „Kannst du dir kein Bier mehr leisten? Komm, Mann, ich geb' dir eins aus!"

„Danke bestens, ich trinke kein Bier mehr. Und überhaupt keinen Alkohol", sagte ich.

„Ja denkst du denn, das Zeug wäre giftig geworden? Komm rüber! Trink mit uns!", versuchte einer mich zu überreden.

Als ich fest blieb, fingen sie an, mich zu hänseln.

„Nein, Jungs, wir haben uns vertan. Das ist gar nicht der Ernst. Der Ernst, das war ein Mann, wenn er auch ein Säufer war. Aber das da, das ist nur eine Memme."

„Ein Schwächling. Ein willenloser Schwächling."

„Ja, das kommt, weil er jetzt so fromm geworden ist. So sind sie alle, diese Gebetbuchklapperer: charakterlose Feiglinge."

Ich hab mir das in aller Ruhe angehört, bis ihnen die Vokabeln ausgegangen waren. Und dann habe ich gesagt:

„Ihr seid doch alle Christen, oder? Freut ihr euch nicht mit, wenn einer aus diesem Höllenelend der Sauferei herauskommt? Ich verstehe ja, dass euch das Schwierigkeiten macht, meine Abstinenz. Aber mir geht es recht gut dabei."

Da ließen sie mich in Ruhe.

Bedrohung von innen

Die gefährlichste Bedrohung meines neuen Lebens und meiner Freiheit kam aber nicht von außen, sie kam aus mir selbst. Ein sicheres Zeichen dafür, dass es mir nicht gut ging, war immer, dass dann meine Gesprächsbereitschaft enorm blockiert war. Weder Freude noch Ärger konnte ich in Worten äußern. Meine Frau versuchte dann manchmal, mein Schweigen zu durchbrechen: „Du hast wieder was. Sei so gut, sag mir's."

„Ach, ich hab nichts."

„Doch, du hast was. Ich sehe es an deiner weißen Nase. Dich drückt der Schuh wieder irgendwo."

Von Christen enttäuscht

Wo der Schuh mich nun drückte, das wusste ich in solchen Situationen manchmal selbst nicht recht zu sagen. Da war nur ein tiefes Unbehagen, das Gefühl: „Die Richtung, in der du lebst, die stimmt nicht mehr. Du lebst wie auf dünnem Eis. Pass auf, dass du nicht einbrichst. Wenn jetzt noch was dazu kommt …"

Und eines Tages kam wirklich noch etwas hinzu, und das hätte mich beinahe umgeworfen. Da waren Christen, denen ich vertraut hatte. Und die enttäuschten mich nun schwer. So schwer, dass ich es gar nicht fassen konnte, es erst gar nicht wahrhaben wollte. Aber es war doch wahr.

Mir war, als wäre mir alles zerschlagen, mein Glaube, die Freude an meinem neuen Leben, alles. Lebte es sich nicht doch bequemer, wenn man sich einfach mit Alkohol voll laufen ließ und dann alles vergaß?

„Ernst, was hast du vor?"

Ich war zu Hause im Wohnzimmer, während mir das alles durch den Kopf ging. In stummer Wut wanderte ich auf und ab. Schlimme Gedanken und Vorstellungen stiegen in mir auf.

„Jetzt nimmst du dein Geld, und dann säufst du dir einen. Und dann gehst du zu ihnen hin. Wäre doch gelacht, wenn du die nicht fertig machen könntest, wenn du die nicht klein kriegtest." Ich steckte, was an Bargeld im Hause war, in meine Gesäßtasche und wollte gerade rausgehen. Da kam meine Frau ins Zimmer. Sie spürte die Spannung, unter der ich stand. „Ernst, was hast du vor?", fragte sie, als ich mich wortlos an ihr vorbeidrücken wollte. Da war mir, als ob ich auf einmal aus einem Rausch aufwachte. Ja, was hatte ich vor? Mit einem Schlag war meine Wut verraucht. Ich war nur noch traurig und unendlich müde. Ich schaute meiner Frau in die fragenden Augen und sagte: „Nichts. Ich hab nichts vor." Ich legte das Geld wieder an seinen Platz und ging hinaus.

Jemand, dem ich vertrauen konnte

Ich ging zu jemandem, dem ich vertrauen konnte. Da sprach ich mich aus, und da weinte ich mich auch aus. Da habe ich Gott meine Schuld bekannt und um Vergebung gebeten. Gewiss, andere waren auch schuldig geworden. Aber nun, wo ich vor Gott stand, ging es nur noch um meine Schuld. Da konnte ich nicht jemand anders den schwarzen Peter zuschieben.

Ich sprach mit Gott über meinen abgeschlafften Zustand, der letztlich dazu geführt hatte, dass ich haarscharf am Rückfall entlang geschlittert war. Ich sprach mit ihm über meine bösen Gedanken und Pläne. Ich war noch im Nachhinein erschrocken über das, was da aus mir hervorgebrochen war, über den Hass, die sinnlose Wut, das unbändige Verlangen, wieder zu trinken und dann die anderen fertig zu machen. Ich war froh, dass Gott mich davor bewahrt hatte, das in die Tat umzusetzen. Das alles sagte ich Gott. Und ich habe ihn um Vergebung gebeten.

Bibelverse – ganz persönlich

Da erfuhr ich, wie Gott durch sein Wort zu mir sprach: „Fürchte dich nicht, denn ich habe dich erlöst, ich habe dich bei deinem Namen gerufen, du bist mein. Wenn du durchs Wasser gehst, werde ich bei dir sein, damit dich die Ströme nicht ersäufen, und wenn du ins Feuer gehst, sollst du nicht brennen und die Flamme soll dich nicht versengen. Denn ich bin der Herr, dein Gott, dein Heiland." (Jesaja 43,1-3) Ich merkte, dass Gott mir diese Verse aus der Bibel ganz persönlich zusprach.

Da fühlte ich mich unendlich erleichtert. Ich wusste nun: Auch mit den Abgründen meiner Seele, mit den Unwägbarkeiten meines Wesens, mit meiner depressiven Struktur war ich nicht allein. Wenn ich mich selbst nicht mehr halten konnte, hielt Gott mich fest. So kam ich heil und nüchtern durch die schwere Zeit hindurch.

Das Verlangen nach Erleichterung

Es war nicht die einzige Krise, die ich durchmachte. Ich war ja nach wie vor in meiner seelischen Struktur anfällig. Wenn dann Belastungen in der Familie oder im Beruf dazukamen oder Krankheiten, dann wurde der Innendruck manchmal gefährlich hoch, das Verlangen nach Erleichterung immer mächtiger. Und dann war die Versuchung groß, den alten Weg zu gehen und wieder zum Alkohol zu greifen.

In solchen Situationen habe ich erlebt, wie Gottes Verheißungen mich bewahrten und mir halfen. Daran konnte ich mich festhalten. Ich wusste, dass das Bibelwort wahr ist: „Der Herr hält alle, die da fallen, und richtet alle auf, die niedergeschlagen sind." (Psalm 145,14)

Gott hielt mich fest durch sein Wort. Er hielt mich durch die Gemeinschaft mit anderen Christen, durch die Gespräche bei den Blaukreuz-Stunden, durch Menschen, die für mich beteten.

So fand ich immer wieder aus meiner gefährlichen Selbstisolation heraus zum Gespräch mit Lotte, meiner Frau, mit erfahrenen Freunden, mit meinem Seelsorger. Und so habe ich mit meiner schwachen, labilen Grundstruktur nüchtern überlebt. So habe ich erfahren, wie Gott mein Leben reich und wertvoll gemacht hat – für mich selbst und für andere.

Rita
„Mein Mann trinkt wieder"

„Ich bin ganz verzweifelt. Es ist was Schreckliches passiert. Mein Mann trinkt wieder. Gestern Abend habe ich ihn erwischt. Nach seiner Therapie in der Suchtfachklinik war alles so gut gelaufen. Fast drei Jahre war er jetzt trocken. Das war so eine schöne Zeit. Ich habe mich richtig erholt von all den langen, schlimmen Jahren. Und nun fängt es wieder von vorne an."

„Wie haben Sie es denn bemerkt?"

„Seit einiger Zeit schon ist mir sein Verhalten komisch vorgekommen. Er hat sich plötzlich verändert. Ganz wie früher, habe ich manchmal gedacht. Trotzdem habe ich fest daran geglaubt, dass er nie mehr trinken würde. Dann, gestern Abend, da kam er mit einer Fahne nach Hause. Ich bin fast in Ohnmacht gefallen. Ich habe gleich die Kinder genommen und mich im Schlafzimmer eingeschlossen. Früher ist er oft gewalttätig geworden, wenn er getrunken hatte. Er ist aber ruhig geblieben. Nach einiger Zeit bin ich wieder rausgegangen, da saß er friedlich in der Küche und rauchte eine Zigarette, als ob nichts wäre. Da habe ich ihm auf den Kopf zugesagt, daß er wieder trinkt."

„Und?"

„Er hat es zugegeben, stellen Sie sich das vor. Er hat es nicht einmal abgestritten."

„Hat er Ihnen eine Begründung dafür angegeben?"

„Nein. Er hat einfach nur gesagt, ja, er würde wieder trinken. Schon seit einiger Zeit. Aber es sei ja nicht schlimm. Und so wie früher würde er nicht wieder trinken. Ich habe ihn dann gefragt, warum denn, und er habe doch die Therapie gemacht und versprochen, dass er nie wieder trinken werde. Aber er hat nur gemeint, es sei ihm lästig, ständig Apfelschorle zu trinken. Ich kann mir natürlich denken, warum. Der hat so ein paar Kollegen, die alle gern trinken, und die haben sicher an ihm herumgemacht."

„Er hat es also nicht mehr ertragen, als einziger abstinent zu sein."

„Ja, ich glaube so ist es. Aber sagen Sie, was kann man denn nun dagegen machen?"

„Ich fürchte, gar nichts. Es sieht ganz so aus, als ob Ihr Mann ausprobieren will, ob er nicht doch kontrolliert trinken kann. Viele Alkoholkranke tun das, vor allem, wenn sie sich ihrer Abstinenz schämen. Erst wenn sie wieder richtig drinhängen und dann begreifen, dass sie wirklich nicht mäßig trinken können, kommen sie wieder zur Vernunft."

„Und Sie meinen, dass es bei meinem Mann genauso ist?"

„Ja, vermutlich."

„Können Sie denn nichts tun?"

„Ich will natürlich versuchen, mit ihm darüber zu reden. Nur befürchte ich, dass das auch nichts ändert. Denn niemand wird urplötzlich rückfällig. Meist stehen dahinter längere Überlegungen und der heimliche Wunsch, doch wieder zu trinken. Das hat Ihr Mann Ihnen ja auch ganz klar gesagt. Mit der Zeit wird dann sein Alkoholkonsum wieder zunehmen und er wird wieder trinken wie früher. Das ist nur eine Frage der Zeit."

„Wenn Sie ihm das bitte sagen würden, dann müsste er doch einsehen …"

„Ich will es gerne versuchen, aber machen Sie sich keine zu große Hoffnung. Ihr Mann wird nur das glauben, was er will. Und er will im Moment glauben, dass er wieder normal trinken kann. Wenn er wegen seiner Kollegen wieder trinkt, wie Sie vermuten, ist er sich wegen seiner Abstinenz wahrscheinlich immer mehr als Außenseiter vorgekommen. Solange man der Einzige ist, der nichts trinkt, geschieht das schnell. Darum ist es ja so wichtig, dass man in eine Abstinenzgruppe geht. Dort erlebt man, dass man mit seiner Krankheit und der Notwendigkeit, keinen Alkohol mehr zu trinken, nicht allein ist. Vor allem begreift man in einer solchen Gruppe mit der Zeit, dass Abstinenz keine Einbuße an Lebensglück mit sich bringt, im Gegenteil. Ihr Mann ist leider zu bald von der Gruppe weggeblieben und hat deshalb diese Erfahrung nicht machen können. So ist in ihm wohl langsam der Wunsch herangereift, auch wieder Alkohol trinken zu können.

Wenn ein Alkoholkranker sich dazu endlich durchgerungen hat, wenn er alle Hemmungen über Bord geworfen und alles, was er von der Therapie her weiß, verdrängt hat, dann trinkt er nicht nur ein einziges Mal. Dann trinkt er, um endlich wieder zu trinken, um endlich wieder dabei zu sein. Und er redet sich ein, dass er wieder kontrolliert trinken könne, dass er schon auf sich aufpassen würde."

„Ja, das stimmt. Das hat er auch gesagt. Er würde schon aufpassen, dass ihm das nicht noch einmal passiert, so wie früher."

„Das heißt, er hat sich entschieden, wieder zu trinken. Und diese Entscheidung wird er sich aller Wahrscheinlichkeit nach von niemandem ausreden lassen."

„Sie meinen also, das geht wieder von vorne los, gerade so wie früher, mit all dem Elend?"

„Ja, darauf müssen Sie gefasst sein."

„Das halte ich nicht mehr aus. Nicht noch einmal."

„Es kommt ganz darauf an, wie Sie sich darauf einstellen."

„Was soll ich denn machen, was meinen Sie mit ‚darauf einstellen'? Heißt das, dass ich ihn einfach trinken lassen soll?"

„Sie kennen das ja von früher: Egal, was Sie tun, Ihr Mann wird weiter trinken, so lange, bis er selber wieder aufhören will. Das kann unter Umständen zwei, drei Jahre dauern. Wenn Sie Glück haben, ist er vielleicht schon nach einem halben Jahr so weit."

„Dann lasse ich mich scheiden. So lange halte ich das nicht noch einmal aus."

„Wollen Sie das tatsächlich, oder sagen Sie das nur jetzt aus Ihrem Schock heraus?"

„Ich bin wirklich verzweifelt. Aber ich glaube, schon wegen der Kinder würde ich das nicht so schnell tun. Sie hängen nämlich sehr an ihm."

„Ich denke, dass Sie besser mit der Situation umgehen können, wenn der erste Schock bei Ihnen vorbei ist. Dann können Sie auch wieder sachlicher reagieren, so, wie wir es vor Jahren besprochen haben. Vielleicht schaffen Sie es besser, als Sie jetzt glauben."

„Und was mache ich, wenn er gar nicht mehr aufhört und es immer schlimmer wird?"

„Wenn Sie es gar nicht mehr aushalten und Ihr Mann nicht bereit wird, wieder in Therapie zu gehen, können Sie sich immer noch von ihm trennen. Doch vermutlich wird es so weit nicht kommen. Ihr Mann hat ja schon einmal aufgehört zu trinken, und er weiß eine Menge aus seiner Therapie. Das macht die Chance groß, daß er eines Tages wieder die Kurve kriegen wird."

„Wird ihm denn dann noch einmal eine Behandlung bezahlt?"

„Da können Sie ganz beruhigt sein. Wenn er damit einverstanden ist und es sich zeigt, dass er den Rückfall ambulant nicht aufarbeiten kann, bekommt er auch eine zweite Therapie bezahlt."

„Also das beruhigt mich, was Sie da sagen. Ich sehe nun nicht mehr so ganz schwarz in die Zukunft. Ich will versuchen, ruhig zu bleiben und erst einmal abzuwarten, wie sich alles entwickelt."

„Dazu wünsche ich Ihnen viel Kraft und ich hoffe mit Ihnen, dass es nicht so lange dauert."   *Hans Klein*

Anregungen für das Gruppengespräch:
Impulsfragen:
- *Was löst das Wort „Rückfall" bei mir (als Betroffener oder als Angehöriger) aus?*
- *Wie sehen bei mir Rückfälle ohne Alkohol aus (z. B. Rückfall in „altes" Verhalten)?*
- Für Betroffene: *Wie sehen bei mir die Vorsignale/Vorboten eines Rückfalls aus? Woran merke ich das bei mir? Was tue ich konkret, wenn ich die Vorsignale bemerke? Wie sieht die „Erste Hilfe" bei einem vollzogenen Rückfall aus?*
- Für Angehörige: *Bemerke ich die Vorsignale eines Rückfalls bei meinem betroffenen Angehörigen und was tue ich dann?*
- *Kenne ich auch nicht alkoholische Rückfälle bei mir? Wie äußern sie sich? Was möchte ich daran bei mir wie verändern?*

„Am liebsten wäre ich gar nicht mehr da"
Hilfe für Selbstmordgefährdete

Sucht ist Selbstmord auf Raten. Oftmals auch ein Schrei nach Hilfe. Suchtkranke haben recht häufig einen oder mehrere Suizidversuche hinter sich, viele tragen sich mit Selbstmordgedanken. Mancher ist bei einem Rückfall nach einer Zeit der Abstinenz derart verzweifelt über sich selbst, dass er seinem Leben ein Ende setzen möchte.

Wissenschaftliche Untersuchungen belegen, dass zwei Drittel aller Selbstmorde verhindert werden könnten, wenn Menschen über Ursachen und Hilfsmöglichkeiten informiert sind und es wagen, sich in das Leben des Suizidgefährdeten einbeziehen zu lassen und ihm in einer offenen, persönlichen Beziehung begegnen.

Der Suizidforscher Blackburn weist in diesem Zusammenhang darauf hin, dass achtzig Prozent derer, die sich das Leben nehmen, zuvor versteckte oder auch offene Hinweise auf ihre Absicht geben. Außerdem stellte er fest, dass bei Suizidgefährdeten der Wunsch zu leben und der Wunsch zu sterben oft dicht beieinander liegen und in einem mächtigen Kampf miteinander stehen. Resigniert sagt dann mancher: „Es ist mir gleichgültig, ob ich lebe oder sterbe."

Suizid ist ein Wagnis. Viele suizidgefährdete Personen kennen das Risiko genau und fordern eine Entscheidung heraus, um zu sehen, ob das Leben oder der Tod gewinnt. Jeder Suizid ist der Versuch, etwas mitzuteilen. Was und wem etwas gesagt werden soll, sind wichtige Anhaltspunkte zum Verständnis des Selbstmordes.

Wie solch ein innerer Kampf zwischen dem Wunsch zu leben und dem Wunsch zu sterben aussehen kann, beschreibt **Kris** eindrucksvoll. An einem einsamen Ort will sie „in Ruhe ausführen, was jetzt sein muss, weil es einfach dran ist".

Kris
„Ich habe einfach keinen Platz mehr"

Ich weiß längst nicht mehr, wo ich bin.

In dieser Gegend war ich noch nie. Ich weiß auch nicht, wie lange ich schon unterwegs bin. Aber die Benzinuhr zeigt, dass ich ziemlich weit gefahren sein muss. Im Kreis? Oder geradeaus?

Jedenfalls ohne Ziel.

Ich weiß nicht, wohin.

Ich wundere mich, dass das Auto meinem Willen gehorcht, dass es funktioniert, wie *ich* will; dass es fährt, wohin *ich* es lenke.

Nichts funktioniert sonst nämlich mehr.

Am allerwenigsten ich selber.

Unter dem blauen Frühlingshimmel erfüllt mich ein einziges Gefühl: Ich weiß nicht mehr, wohin.

Ich bin entsetzlich müde, habe völlig die Orientierung verloren und komme mir wie ein unerwünschter Gast an diesem sonnigen Nachmittag vor.

Ich habe keine Lust mehr, länger auf dieser Straße zu bleiben, auf der anscheinend jeder außer mir weiß, wohin sie ihn führen wird.

Diese Zielstrebigkeit macht mich ganz krank und hilflos, und ich suche einen Weg, der mich irgendwohin führt, wo ich allein bin.

Irgendwo auf dieser Welt muss es einen Ort unbedingten Alleinseins geben. Einen Ort, an dem ich in Ruhe ausführen kann, was jetzt sein muss, weil es einfach dran ist.

Ja, ich muss.

Ich will vielleicht eigentlich nicht. Aber ich kann nicht weitersehen! Es gibt kein Dahin oder Dorthin mehr, denn ich erlebe überall dasselbe:

Mich.

Unfähig, so zu sein, wie ihr es erwartet und wie ich es will.

Ich bin dieser lebenslangen Flucht unendlich überdrüssig. Glaubt mir.

Hier ist ein Feldweg. Ich kann abbiegen.

Er führt an Weidezäunen vorbei. Kühe schauen zum Fenster herein. Dann hört der Weg auf. Eine kaum wahrnehmbare Spur führt auf einen Wald zu. Das hohe Gras streift den Wagenboden. Manchmal ist es ein Stein, der ein schrilles Kratzen verursacht. Kratzer am Auto – ich erinnere mich – waren einmal furchtbar wichtig.

Jetzt sind sie völlig unwichtig. Nichts ist mehr wichtig.

Hier ist eine Lichtung. Ruhe und Einsamkeit. Bäume, die freundlich aussehen, und Vögel, die ganze Sinfonien singen.

Sie können das!

Ich nicht.

Ich werde das nie können, und jetzt habe ich keine, aber auch gar keine
Kraft mehr, es weiter zu versuchen.

Ich kann nur noch eins: Dieses unsinnige, ziellose, zerquälende Herumir-
ren beenden.

Es ist nicht tragisch und nicht dramatisch, sondern nur eben das einzige,
was ich noch kann.

Und diesmal soll es gelingen.

Ich stelle den Motor ab und atme die Stille und die Sonne und den harzi-
gen Duft. Das alles ist nicht für mich, ich weiß; aber ich stehle mir einfach
noch ein bisschen davon! Es tut weh, und ich kann es nicht richtig erklären;
aber ich weiß, das alles ist nicht für mich gemacht. Ich bin irgendwie kein
Teil von der Welt.

Meine Mauern, die die Angst um mich gebaut hat, sind inzwischen so
hoch, dass nichts mehr durch kann. Keine menschliche Stimme. Keine Idee.
Keine Liebe. Ja, selbst sie würde wahrscheinlich an diesen Mauern zerbrechen.

Ich habe einfach keinen Platz mehr, denn einen Platz muss man sich er-
werben.

Womit, wollt ihr wissen?

Ich weiß es auch nicht. Ich kenne diese Währung nicht. Darum bin ich
hier. Darum bin ich einsam.

Keiner wird mich jedenfalls daran hindern, dieses Leben jetzt hier zu beenden.

Dann ist Ruhe. Endlich Ruhe.

Mein ganzes Leben zielte offensichtlich auf dieses eine Ziel, und ich will
es erreicht haben.

Im Handschuhfach ist eine Rasierklinge. Ich hatte sie immer bei mir,
selbst in der Klapsmühle.

Ich hatte sie versteckt, in einem Geldschein. Ihr habt mich stundenlang
durchsucht, aber die Rasierklinge habt ihr nicht gefunden! Die Rasierklinge
sollte der letzte Weg sein, wenn alle anderen unerträglich werden würden.

Der Alkohol hat mich wieder.

Und diesmal hat er einen solch großen Triumph über mich und mein letztes bisschen Willen gefeiert, dass ich keine, aber auch gar keine Kraft zum Widerstand mehr habe.

Leben, Leben!

Glaubt doch nicht, dass ich nicht leben will! Das ist es ja!

Aber irgendwie gibt es das, was ich mir unter Leben vorstelle, nicht.

Irgendjemand auf dieser Welt müsste mich vom Sinn zu leben überzeugen, indem er ihn lebt.

Ich *sehe* keinen Sinn.

Ich möchte so gerne an das Gute glauben, aber ich sehe keine Quelle für das sogenannte Gute.

Ich sehe dagegen tausend Quellen, aus denen Angst, Feindseligkeit, Egoismus fließen.

Dies alles kann doch einfach nicht alles sein! Geboren werden, Geld verdienen, anständig sein – möglichst –, abtreten und Platz für den Nächsten machen.

Wo, bitteschön, wo ist da der Sinn?

Es reicht nicht zum Leben. Es ist mir zu wenig.

Du, Flasche hier, bist die letzte einer kilometerlangen Reihe. Die letzte, die mich in meinem Leben in ihrer Hand hält. Und weil ich weiß, dass es das letzte Mal ist, bin ich dieses eine Mal stärker als du! So stark, dass ich dich ausleeren kann, mich dem Ekel hingeben und deinen Inhalt ohne Gier im Waldboden versickern sehen kann.

Ein wirklich seltsamer Selbstmordplatz: Junges Frühlingsgrün, duftende Luft, stiller Friede, Vogelgesang … Hier sollten sich eigentlich Liebespaare treffen!

Ich fühle sorgfältig meinen Puls, bevor ich schneide. Und da, wo die dünne Haut sichtbar unter diesem lächerlichen Lebensstrom zittert, schneide ich tief und mit zusammengebissenen Zähnen, schneide in dieses Leben und sehe es warm und rot aus mir herauslaufen.

Und plötzlich bin ich nur noch ein riesiges Ohr, das hundert Vogelmelodien hört und aufnimmt und sie direkt irgendwohin fließen lässt, wo sie Bewegung auslösen.

Und diese Bewegung sagt mir ganz deutlich, dass es das, was ich suche, gibt.

Es ist wahr! Es ist wahr!

Es wird zur Gewissheit, was bisher Ahnung war!

Nur die Gewissheit einer Existenz, weder wo es zu finden noch wie es zu finden ist! Aber das reicht.

Diese Gewissheit macht mich neu und stark in meinem Wunsch, weiterzusuchen, bis ich finde.

Das ist Sinn genug.

Ich will nicht zufrieden sein, bevor ich dieser Ahnung Inhalt geben kann.

Ja, dazu will ich leben.

Wie ich zu dir zurückgekommen bin, weiß ich nicht. Dein entsetztes Gesicht war unbeschreiblich, als du mich in deiner Tür stehen sahst und mir das Blut aus dem Ärmel tropfte. Auf deinen sorgfältig gescheuerten Fußboden. Aber wohin hätte ich denn gehen sollen als zu dir, meiner Schwester? Du tatest mir wirklich Leid, und ich liebe dich heute noch für diesen Moment, in dem du in deiner Hilflosigkeit so verletzlich warst.

Deine Erleichterung war grenzenlos, als ich Dir sagte: „Bring mich zurück. Sie müssen mich halt einsperren, bis meine Therapiezeit beginnt."

Anregungen für das Gruppengespräch:
Impulsfragen:
- *Kenne ich verzweifelte Situationen bei mir, in denen ich mir wünschte, aus dem Leben zu gehen? Welche Beispiele fallen mir da ein? Wer und was hat mir dazu verholfen, aus dieser Krise herauszukommen?*
- *Habe ich schon einmal bei jemandem versteckte Hinweise (evtl. im Sinne eines Hifeschreis) wahrgenommen, sich das Leben nehmen zu wollen? Wie zeigte sich das? Wie ging es mir dabei und was habe ich getan oder gesagt?*
- *Was würde ich jemandem sagen, wenn er mir seinen Wunsch, sterben zu wollen, mitteilt? (Vorschlag: Kurzes Rollenspiel mit Rede und Gegenrede dazu in der Gruppe.)*
- *Was wünschte ich mir von anderen, wenn ich in solch einer verzweifelten Situation stecke?*

„Liebe, was ist das?"
Gott glauben lernen

Fassungslos starrt sein Freund ihn an. „Weißt du gar nicht, was das für eine Schlampe ist, deine Carla? ... Und für die hast du deinen Sohn geopfert?" Ingrid Westmeier trifft mit ihrer außergewöhnlichen Liebesgeschichte den Kernpunkt des Evangeliums: Weil Gott will, dass wir leben, lädt er seinem Sohn Jesus Christus die Strafe für unsere Sünde auf, jene Strafe, die für uns unerträglich wäre: Den Tod am Kreuz. Wenn uns diese unbegreifliche Liebe im Innersten berührt und wir es wagen, uns darauf einzulassen, wird unser Leben verändert.

So erlebte es **Kris**, die als Alkoholabhängige durch zahllose innere Kämpfe und Krisen ging. Während ihrer sechsmonatigen Behandlungszeit in einer Suchtfachklinik setzt sie sich mit ihrem bis dahin chaotischen Leben auseinander. Immer wieder wird sie von den Therapeuten herausgefordert, sich die Frage nach dem Sinn ihres Lebens zu stellen. Alles bäumt sich in ihr auf – da wird sie plötzlich und völlig unerwartet mit „Gen Rosso" konfrontiert.

Ingrid Westmeier
Maßlose Liebe
Eine beispiellose Liebesgeschichte

Werner war schon Mitte fünfzig, als er – wie er das seinem Freund gegenüber ausdrückte – der Liebe seines Lebens begegnete. Auf einer Feier des Betriebes, in dem sein Sohn in der Buchhaltung arbeitete, war er Carla begegnet. Vom ersten Augenblick an hatte er sich zu ihr hingezogen gefühlt.

„Es war, als hätte ich sie schon immer gekannt, und als hätte ich mein Leben lang nach ihr gesucht", sagte er zu seinem Freund.

„Und wie ist sie?", fragte er wissbegierig. „Ist sie jung? Ist sie schön?"

Werner lachte. „Ja, sie ist jung", sagte er, „zwei, drei Jahre jünger als ich. Und sie ist auch schön. Jedenfalls kann ich ihre Schönheit erkennen, auch durch die Maske aus Make-up und lautem Lachen hindurch. Da ist etwas hinter dieser Hülle, das mich fasziniert, etwas sehr Kostbares und Einzigartiges. Vielleicht hat es noch nie jemand gesehen und wertgeschätzt. Mir scheint, dass sie dieses Wertvolle nicht einmal selber kennt. Oder dass sie längst aufgegeben hat, daran zu glauben."

„Und du meinst, dass du es wieder wecken kannst?", fragte sein Freund zweifelnd.

„Ja, das glaube ich", erwiderte Werner. „Oder ich hoffe es zumindest. Wenn sie meine Liebe an sich herankommen lässt, wenn sie sie annimmt – dann könnte das, was an ihr verschüttet ist, wieder erwachen, dann könnte sie endlich richtig lebendig werden. So wie sie jetzt lebt, scheint es ihr nicht besonders gut zu gehen …"

„Denkst du wirklich, dass du eine Frau von Fünfzig noch ändern kannst – und wenn du sie noch so sehr liebst?", warnte sein Freund. „Für mich hört sich das eher ein bisschen verstiegen an. Du weißt ja: Liebe kann auch blind machen."

„Nein, nein", verteidigte Werner sich, „ich bin nicht blind. Ich sehe sehr genau, dass Carla oberflächlich betrachtet nicht besonders anziehend ist. Da ist eine Menge Härte und Bitterkeit in ihr, manchmal ein erschreckender Sarkasmus. Aber ich spüre, dass das nur so eine Art Schutzmauer gegen neue Verletzungen ist. Wenn sie sich eines Tages sicher fühlt in meiner Liebe, dann wird sie das von alleine ablegen, weil sie es dann nicht mehr nötig hat."

„Da musst du aber eine Menge investieren, bevor das wahr wird", wandte der Freund ein.

„Das weiß ich", sagte Werner. „und das ist es mir wert."

Er investierte wirklich eine Menge in die Beziehung zu Carla. Er lud sie zum Essen und zum Tanzen ein. Als er merkte, dass sie klassische Musik mochte, nahm er sie mit in Konzerte. Manchmal wartete er auf sie, wenn sie nach Feierabend aus der Firma kam – nur um die zwanzig Minuten Fußweg bis zu ihrer Wohnung mit ihr zu gehen. Er ließ sich nicht irritieren, wenn sie bisweilen ganz offensichtlich mit ihm spielte. So sagte sie, wenn sie sich verabredet hatten, immer wieder einmal ohne jeglichen Grund ab oder kam einfach nicht. Manchmal flirtete sie unverhohlen mit anderen Männern, wenn sie zusammen waren. Das tat Werner weh. Aber er hielt trotzdem an ihr fest. Bei solchen Gelegenheiten konnte es vorkommen, dass sie ihn plötzlich mit tieftraurigen Augen ansah und sagte: „Du bist ein komischer Kerl." Da wusste Werner, dass ihr Panzer zu bröckeln begann.

Dann kam jener schreckliche Tag, an dem Werners Sohn mit kreidebleichem Gesicht nach seiner Arbeit zu Hause eintraf. „Wir hatten heute eine Revision in der Buchhaltung", berichtete er seinem Vater. „Dabei ist eine Riesenunterschlagung ans Licht gekommen. Es kann nur einer von uns beiden gewesen sein – Carla oder ich." Werner sprang auf. Sollte dies das Ende seiner Hoffnungen sein, das Ende seiner Liebe? Lange und ernst unterhielten sich die beiden.

Am nächsten Tag kam sein Freund zu ihm. Er wollte Werner beistehen. „Es tut mir Leid für dich", begann er, als sie zusammen in Werners Zimmer saßen. „Ich hatte von Anfang an ein ungutes Gefühl bei dieser Frau. Aber dass sie nun ins Gefängnis muss, und dass jetzt alles aus ist für dich, das tut mir wirklich Leid ..."

Werner schwieg. Schließlich raffte er sich zu einer Antwort auf: „Sie muss nicht ins Gefängnis", sagte er.

„Na, bei der Riesensumme, die sie unterschlagen hat, wird sie wohl nicht drum herum kommen!", entgegnete der Freund.

Wieder zögerte Werner einen Augenblick. „Mein Sohn muss ins Gefängnis", sagte er dann. „Sie haben ihn schon verhaftet."

„Das kann doch nicht wahr sein", fuhr der Freund auf. „Das glaubst du doch nicht im Ernst, dass dein Sohn dies Geld unterschlagen hat. Das ist doch Blödsinn, unmöglich!"

„Ich habe ihn angezeigt", erwiderte Werner.

„Du hast ihn – was? Du hast ihn angezeigt? Ich verstehe die Welt nicht mehr! Weshalb hast du deinen Sohn angezeigt? Kannst du mir das mal erklären!"

„Wir haben lange darüber gesprochen", sagte Werner stockend, als fiele ihm jedes weitere Wort schwer. „Mein Sohn war damit einverstanden. Wenn Carla jetzt ins Gefängnis müsste, vielleicht für Jahre, dann wäre hinterher nichts mehr von ihr übrig. Das wäre zu schwer für sie. Das könnte sie nicht mehr ertragen. Und deshalb war mein Sohn damit einverstanden."

„Das musst du mir noch mal sagen, das glaube ich einfach nicht", erregte sich der Freund. „Du hast deinen eigenen Sohn angezeigt?"

Werner nickte. „Sie haben ihn schon abgeholt", bestätigte er mit rauer Stimme.

Fassungslos starrte sein Freund ihn an. „Weißt du gar nicht, was das für eine ist, deine Carla? Was das für eine Schlampe ist? Was die schon alles hinter sich hat? Dass sie jedem Mann nachrennt, der sie nur ein bisschen nett anguckt? Und für die hast du deinen Sohn geopfert? Bist du verrückt? *Bist du denn verrückt?"*

Werner verstummte vor diesem Ausbruch seines Freundes. Aber nach einem Augenblick hob er den Kopf und sah ihm fest in die Augen. „Ich liebe sie", sagte er. „Weißt du, ich liebe sie!"

„Gott hat die Menschen so sehr geliebt, dass er seinen einzigen Sohn für sie hingab. Jeder, der an ihn glaubt, wird nicht verloren gehen, sondern das ewige Leben haben." (Johannes 3,16)

Kris
„Ich fühle mich wie neu geboren"

Die Gen Rosso haben in mein Leben geblasen wie ein Orkan! Sie haben die letzten Tränen aus mir herausgepustet, und jetzt fühle ich mich ausgebrannt und leer.

Oder fast leer. Ein einziges Gefühl ist noch da: Das schaffe ich nie. Dabei ist es genau das, was ich wollte!

Gen Rosso ist eine internationale Gruppe von christlichen Musikern. Irgendwo in Italien sollen sie in einem Dorf zusammenleben, das sie sich selber aufgebaut haben.

Ein ganzer Bus von Patienten und Therapeuten ist von der Klinik aus zu ihrem Konzert gefahren, und ich bin eigentlich nur mitgegangen, um einmal hier rauszukommen. Und weil Ruth mich dazu überredet hat. Spätestens als wir die Fähre über den See bestiegen, bereute ich es. Hier überfielen mich mit Wucht alte Erinnerungen, die wehtaten. Hier begann früher, als mein Leben noch in Ordnung schien, jede Urlaubsreise! Hier waren wir so oft!

Als wir in Konstanz ankamen, war mir so elend, dass ich mich wirklich im Klo vom Konzerthaus übergeben musste, und die ganze Zeit hatte ich

Angst, dass die Übelkeit wiederkommen würde, wenn ich – unter so vielen Menschen eingeschlossen – nicht rauskonnte.

Die Übelkeit kam nicht, aber die Tränen, die blöden Tränen kamen wieder. Als hätten sie nur auf solch einen Anlass gewartet, schossen sie heraus, und ich sah die Gen Rosso nur wie durch einen Vorhang.

Aber was ich da sah, reichte, dass ich mich immer schlechter fühlte: Dort auf der Bühne passierte Freude. Dort wurde in allerhöchster Form all das gelebt – jawohl, gelebt, nicht gespielt! –, was ich ersehnte. Freude, Freiheit, Lebendigkeit ...

Diese Augen, ob mandelförmig, rund oder europäisch, erzählten von einem Leben, das das Paradies sein musste.

Was da auf der Bühne geschah, war eine Explosion der Freude.

Was sie in mir anrichtete, war verheerend.

Nun wusste ich, dass ich aufgeben konnte.

Das war mein Ziel gewesen, und ich würde es nie erreichen. Doch da ich es gesehen hatte, würde ich mit weniger nicht zufrieden sein. Da kannte ich mich.

Damals im Wald, als ich mir das letzte Mal das Leben nehmen wollte, hatte ich plötzlich eine Ahnung davon gehabt. Ich wollte mich, ich erinnere mich genau, auf die Suche machen, um es zu finden.

Nun, ich hatte es gefunden.

Das Leben, wie es lebenswert sein musste.

Es gab die Quelle, die ich vermutete; manche tranken daraus und waren so, wie ich werden wollte, wie ich immer sein wollte. Ich hatte mich also nicht geirrt und war froh für die Welt. Für mich selbst konnte ich nur traurig sein, denn es war mir klar, dass diese Quelle für mich nicht zugänglich war.

Eine neue Welle von Schwermut rollte auf mich zu, und ich sah keine Möglichkeit, ihr auszuweichen, aber auch keine, sie noch mal auszuhalten.

Dazu kam, dass ich langsam dahinter kam, warum ich zur Trinkerin geworden war.

Meine Ängste lagen schön sauber ausgebreitet vor mir. Meine Unfähigkeit, Schmerz auszuhalten, hatte sich nicht geändert; und schlimmer noch: Ich war allein gar nicht lebensfähig.

Ja, ich merkte, dass ich mein Leben sozusagen immer aus zweiter Hand bezogen hatte.

Ich versuchte, dich glücklich zu machen, damit du bei mir bliebst, weil ich nicht allein sein wollte. Oder konnte. Dabei war es mir egal, ob du glücklich warst.

Ich glaube, ich kannte dich gar nicht und wollte dich auch gar nicht kennen lernen.

Ich brauchte dich und alle vor dir, denen ich Liebe vormachte. Aber ich dachte, dass es Liebe sei!

Es kümmerte mich nicht, wer ihr alle wart und was ihr für euer Leben wolltet! Ich brauchte euch für *mein* Leben!

Ich kann nicht lieben. Denn dieses Organ, das Liebe erzeugt, fehlt bei mir.

Also bin ich nicht lebensfähig. Schon gar nicht nüchtern.

Das muss doch jeder einsehen!

Der Mensch, den ich in mir kennen gelernt habe, war nur zum Totsaufen gut.

Mit ihm will ich nichts zu tun haben. Wie soll ich denn mit diesem Scheusal leben?

Ihr könnt ihm ja weiter aus dem Weg gehen und habt das ja auch getan – Recht hattet ihr! –, aber könnt ihr mir sagen, wie ich ihm täglich nüchtern in die Augen sehen und dabei sagen soll: Das bin ich?

Dabei hatte ich so sehr gehofft, dass der Mensch in mir liebenswert sein würde, wenigstens für mich, so dass ich in Frieden mit ihm weiterleben könnte!

Aber er ist, ehrlich gesagt, schlimmer und böser als der, den ich kannte und auch nicht mochte.

Wie soll ich ihn jemals nüchtern ertragen?

Ich habe doch schon so oft und voll guten Willens versucht, ihn zu ändern.

Mich zu ändern.

Es gelang einfach nicht. Ihr müsst mir alle glauben, dass ich anders sein wollte, aber es ging aus irgendwelchen Gründen nicht. Ich habe es eigentlich mein ganzes Leben lang probiert, und nichts anderes war mir jemals so wichtig.

Jetzt kann ich nicht mehr.

Wie oft haben wir über die Grenzen der Psychoanalyse gesprochen – ich war jetzt an sie gestoßen, erlebte sie bitter und war auch an meinen eigenen Grenzen angelangt und stieß mich wund daran und stoße mich weiter wund.

Ich weiß ein bisschen mehr über mich und mein Leben und das Leben an sich, ja. Aber dadurch wird doch das Leben nicht leichter! Im Gegenteil!

Jetzt sitze ich mit all diesem Wissen hier in meinen Grenzen und kann nicht hinaus!

Glaubt mir, es hat keinen Zweck mehr, dass ich es weiter versuche!

Ich habe doch alles versucht!

Schaut mich doch an und seht die Fratze, die dahinter verborgen ist! Ich habe mir solche Mühe gegeben, sie immer wieder schön zu bemalen. Hier ist alle Farbe abgekratzt worden und es hat sich nichts geändert. Nur dass ich jetzt weiß, warum ich mich betäuben musste.

Keiner kann mir sagen, wie ich damit leben soll; und mir fällt auch nichts mehr ein.

Lasst mich in Ruhe und in Frieden mich selbst und meine Sehnsucht zu Grabe tragen! Ich kann nicht mehr. Ich will nicht mehr. Ich will nur noch alle Anstrengung von mir schleudern, mich nicht mehr verstecken und so tun als ob, mein Fratzengesicht zeigen und die Ruinen, in denen ich hocke, und von mir aus die letzten Mauerreste einstürzen lassen.

Ich gebe auf

Und auf einmal spüre ich die Explosion der Gen Rosso in mir. Es ist eine Explosion der Liebe!

Ich hatte mich gerade aufgegeben, mehr als jemals, wenn ich mir das Leben nehmen wollte, und explodiere vor Liebe! Oder jedenfalls einem Gefühl, das mich randvoll anfüllt und alle Sehnsucht stillt.

Ich weiß nicht, woher es kommt, dieses Gefühl, das mich überströmen lässt, mich schwindelig macht, meinen Puls rasen und meinen Atem schneller werden lässt.

Es ist da!

Es ist wahr!

Ich habe den Wunsch, alle aufzuwecken in dieser seltsamen Nacht und allen zu sagen:

Ich, ich werde geliebt!

Von wem?

Ich weiß es nicht, aber ich spüre die Liebe.

Sie ist so wirklich wie die Nacht draußen. Wie das Bett, in dem ich liege, wie ihr, wenn ihr so nah seid, dass ich euch anfassen kann. Ich weiß nicht, was mir geschehen ist, aber ich empfinde diese Explosion als das reinste Glück, das mir jemals widerfahren ist. Ich schöpfe den ersten Atemzug meines Lebens, und er zerreißt mir fast die Brust, und ich tue den ersten Schrei:

Einen Jubelschrei.

Könnt ihr euch noch an die erste Liebe erinnern, die befriedigend bis in die letzten Seelenspitzen war? Ihr kennt das wahrscheinlich besser als ich, denn ich erlebe es zum ersten Mal. Weil ich ja nicht wusste, was Liebe ist, sondern ihre Schlagerverzerrung dafür hielt.

Jetzt erlebe ich Liebe und bin so aufgelöst in diesem Erlebnis, dass es mir gleichgültig ist, woher sie kommt.

Sie ist da. Das ist genug.

Ich kann weiterleben – vielleicht so, wie ich es mir ersehnte. Ich bin fröhlich, und alle Türen stehen sperrangelweit offen, so dass Luft, Freude und Licht in mich hereinkönnen.

Ich möchte tanzen durchs Haus, und ich tu es auch.

„Was ist dir denn passiert?", fragt meine Zimmerkollegin Ruth, als sie am nächsten Morgen zurückkommt. Sie durfte mit ihrem Mann draußen schlafen. „Man könnte gerade meinen, der Blitz hätte in dich eingeschlagen, während ich weg war!"

„Hat er auch. Ich weiß nur noch nicht, welcher. Ruth, mach dir keine Sorgen. Alles wird wieder gut werden mit uns. Ich weiß es ganz genau."

Erleichtert stellt Ruth fest, dass ich keine Fahne habe. Aber ihr Blick ist sehr misstrauisch.

„Was ist Ihnen denn geschehen?", fragt mich auch später mein Therapeut. Ich traf ihn auf dem Flur.

„Ich weiß es nicht", konnte ich nur antworten. „Ich weiß es wirklich nicht. Ich fühle mich wie neu geboren."

Ja, das drückte es am allerbesten aus: Ich fühlte mich wie neu geboren.

Anregungen für das Gruppengespräch:
Impulsfragen:
- *Wie bekannt oder wie fremd ist mir das Erlebnis einer entscheidenden „Gottesbegegnung"? Mit welchen Worten kann ich solch eine geistliche Erfahrung beschreiben, dass es jemand nachvollziehen kann, der diese Erfahrung nicht kennt? (Vorschlag: Einzelne in der Gruppe bitten, ob sie es einmal versuchen, mit ihren Worten zu erklären.)*
- *Wie wird in meinem Alltag konkret deutlich, dass ich als Christ lebe?*
- *An was oder wen glaube ich, der ich mich nicht ausdrücklich als Christ verstehe? Worauf gründe ich mein Leben und was ist für mich lebens-wert?*

Literaturverzeichnis

Seite 48, 53, 119 aus: *Ingrid Ebert*, Dienstags in der Mauergasse. Suchtkranke machen Hoffnung. Blaukreuz-Verlag Wuppertal (vergriffen).

Seite 130, 141, 147 aus: *William Backus*, Jetzt aber ehrlich. Wahrheit hält Beziehungen gesund. Blaukreuz-Verlag Wuppertal.

Seite 137, 140 aus: *Ray Burwick*, Du bist besser, als du denkst! Wege zu einem gesunden Selbstwertgefühl. Blaukreuz-Verlage Wuppertal und Bern.

Seite 29 aus: Füreinander. Zeitschrift des Blauen Kreuzes in Deutschland e.V.

Seite 115 aus: *Tom Klaus*, Wenn Vater zuviel trinkt. Perspektiven für junge Leute und ihre Helfer. Blaukreuz-Verlage Wuppertal und Bern.

Seite 76 aus: *Hans Klein*, Beratungsgespräche mit Angehörigen von Alkoholabhängigen. Wie Angehörige sinnvoll helfen können. Blaukreuz-Verlage Wuppertal und Bern.

Seite 133,158 aus: *Hans Klein*, Sie trinken nicht mehr, aber ... Beratungsgespräche mit Angehörigen von ehemals Alkoholabhängigen. Blaukreuz-Verlage Wuppertal und Bern.

Seite 10, 152, 163, 170 aus: *Kris*, Weil ich leben will. Blaukreuz-Verlag Wuppertal und © Brockhaus-Verlag, Haan.

Seite 68 aus: *Karl Lask*, Der Kuss der Selene. Frauen von Alkoholabhängigen machen Mut. Blaukreuz-Verlage Wuppertal und Bern.

Seite 27, 95, 97 aus: *Karl Lask*, Wir brechen das Schweigen. Kinder von Alkoholabhängigen wecken Hoffnung. Blaukreuz-Verlage Wuppertal und Bern.

Seite 18, 23, 25, 56, 73, 80, 83, 100, 148 aus: Mitteilungen aus der Fachklinik „Curt von Knobelsdorff-Haus", Radevormwald.

Seite 88 aus: Neues Leben – Das christliche Ratgebermagazin, Hotline 02681/941250.

Seite 66, 144 aus: *Christina B. Parker*, Ich weiche nicht mehr aus ... Leben mit einem alkoholabhängigen Partner. Blaukreuz-Verlage Wuppertal und Bern.

Seite 40, 122, 155 aus: *Ernst Rienecker/Sabine Werther*, ... dann fange ich ein neues Leben an. Geschichte einer Befreiung. Blaukreuz-Verlage Wuppertal und Bern.

Seite 47, 117 aus: *Bodo Rulf*, Verirrungen. B. Rulf, Selbstverlag, Remscheid.

Seite 146 aus: *Cheryl Sanfacon/Joyce Moccero*, Meine Frau ist nicht verrückt! Was ich als Partner tun kann. Blaukreuz-Verlag Wuppertal.

Seite 60 aus: *Sabine Werther*, Alles für Michael. Eine Gratwanderung zwischen Festhalten und Loslassen. Blaukreuz-Verlage Wuppertal und Bern.

Seite 42 aus: *Sabine Werther*, Wunder werden Wirklichkeit. Erlebnisse des Herbert B., alkoholkrank. Blaukreuz-Verlage Wuppertal und Bern.

Seite 125 aus: *Rainer Wälde (Hrsg.)*, Alkoholfrei. Ermutigende Lebensberichte. Blaukreuz-Verlag Wuppertal und Schulte & Gerth, Wetzlar.

Seite 104, 112 aus: *Arline Westmeier, Ellen von Aesch, Peter Glöckl*, Ich habe es überlebt. Das dunkle Geheimnis: sexueller Missbrauch. Blaukreuz-Verlage Wuppertal und Bern.

Weitere Bücher aus den Blaukreuz-Verlagen Wuppertal und Bern

Andreas Knoll
Sucht – was ist das?
Allgemein verständliche Einführung in das heutige Verständnis von Sucht – insbesondere Alkoholabhängigkeit.
Paperback, 192 Seiten, zz. € 13,50 [D]/sFr. 25,–
ISBN 3-89175-178-8

Der Autor erläutert hier die aktuellen Erkenntnisse über die Sucht. Der Leser erfährt, wie es zur Abhängigkeit kommt, und welche Wege es gibt, die Abhängigkeit zu überwinden. Er erhält Hilfen, um komplizierte Zusammenhänge besser zu verstehen, um besser helfen zu können.

Toby Rice Drews
Was tun, wenn der Partner trinkt?
Ein Mutmachbuch für Frauen.
Paperback, 144 Seiten, zz. € 12,50 [D]/sFr. 23,–
ISBN 3-89175-188-5

Muss die Partnerin eines Alkoholikers sein Trinkverhalten passiv hinnehmen, einfach leiden, alles erdulden, kontrollieren und krank werden? Dieses Buch beweist: Das Gegenteil ist richtig. Was geschieht aber, wenn sie Hilfe sucht und beginnt, sich selbst zu helfen? Die Autorin bietet zahlreiche praxiserprobte Denkanstöße zu einer neuen Sichtweise, die schon in ungezählten Fällen die Wende brachte. Besonders wertvoll: Was die Partnerin für ihre eigene Selbstständigkeit tut, hilft auch dem Abhängigen.

Vera Roos
Blau ist die Farbe der Sehnsucht
Mein Aufbruch in ein neues Leben.
Paperback, 128 Seiten, zz. € 11,50 [D]/sFr. 21,50
3-89175-177-X

Die Autorin beschreibt ihren langen, mühsamen Weg durch die Irrungen und Wirrungen der Kriegs- und Nachkriegszeit bis hin zu dem weiten Raum, nach dem sie sich immer gesehnt hat. Es lohnt sich, diesen ungeschminkten Lebensbericht zu lesen.